왜
믿
음
인
가
?

왜 믿음인가?

지은이 | 조정민
초판 발행 | 2025. 5. 21
등록번호 | 제1988-000080호
등록된 곳 | 서울특별시 용산구 서빙고로65길 38 두란노빌딩
발행처 | 사단법인 두란노서원
영업부 | 2078-3333   FAX | 080-749-3705
출판부 | 2078-3331

책 값은 뒤표지에 있습니다.
ISBN 978-89-531-5113-0   03230

독자의 의견을 기다립니다.
tpress@duranno.com   www.duranno.com

두란노서원은 바울 사도가 3차 전도여행 때 에베소에서 성령 받은 제자들을 따로 세워 하나님의 말씀으로 양육하
던 장소입니다. 사도행전 19장 8-20절의 정신에 따라 첫째 목회자를 돕는 사역과 평신도를 훈련시키는 사역, 둘째
세계선교(TIM)와 문서선교(단행본·잡지) 사역, 셋째 예수문화 및 경배와 찬양 사역, 그리고 가정·상담 사역 등을
감당하고 있습니다. 1980년 12월 22일에 창립된 두란노서원은 주님 오실 때까지 이 사역들을 계속할 것입니다.

WHY DO YOU BELIEVE

왜
믿
음
인
가
?

조
정
민

두란노

CONTENTS

PROLOGUE ··· 6

나는 바른 믿음을 갖고 있는가?

우리는 믿음의 확신과 예수 안에 거하는 신앙 사이에서 혼란을 겪곤 합니다. "나의 믿음은 참된가?" "예수님을 뵈는 날, 과연 주님은 나를 안다고 하실까?" 믿음의 여정에서 문득문득 솟아오르는 의구심과 염려에 잠시 걸음을 멈추곤 하지만, 우리 생각과 고민으로는 절대 해소되지 않습니다. 신앙의 번민은 성경 안에서 해소되어야 하기 때문입니다. 예수님은 당대의 믿음을 보고 이렇게 경고하신 바 있습니다.

인자가 올 때에 세상에서 믿음을 보겠느냐 (눅 18:8)

이는 오늘날 우리에게도 유효합니다. 주님이 다시 오실 때, 우리는 바른 믿음을 보여 드릴 수 있겠습니까? 안타깝게도 이 시대의 믿음은 날로 더 모호해지고 있습니다. 다른 사람의 신앙을 놓고 논쟁해 봐야 별 의미가 없습니다. 지금 내 신앙이 문제입니다. 게다가 요즘은 나라 안팎으로 하루도 평안한 날이 없습니다. 주님을 의지해야 함을 알지만, 믿음을 부여잡기가 어렵습니다. 믿음은 점점 더 옅어지고, 더욱 더 흔들리고 있습니다.

　왜 믿음인가? 믿음 열전에 오른 신앙 선배들의 발자취를 살피며 이 시대의 신앙을 돌아보고자 합니다. 믿음에 대한 불안 때문에 니고데모처럼 은밀히 주님을 찾아가고 싶은 분들에게 이 책이 도움되기를 바랍니다. 혹시 나의 왜곡된 믿음으로 다른 사람의 눈에 든 티를 빼려고 하는 것은 아닌지 고민하는 분들에게도 이 책이 믿음의 분별에 도움이 되길 바랍니다.

　두란노 가족이 채근하지 않았다면, 이 책을 펴낼 엄두를 내지 못했을 것입니다. 편집부에서 틀을 잡아 주고, 이정아 자매가 교정을 도와 준 덕분에 책의 출간이 더 미뤄지지 않을 수 있었습니다. 베이직교회 형제자매들과 함께 나누었던 말씀의 은혜가 이렇게 또 하나의 열매로 맺어짐에 주님께 깊은 감사를 드릴 뿐입니다.

2025년 5월
조정민

1

인생을 바꿀 믿음 플랜

이르시되 여호와께서 이르시기를 내가 나를 가리켜 맹세하
노니 네가 이같이 행하여 네 아들 네 독자도 아끼지 아니하였
은즉 내가 네게 큰 복을 주고 네 씨가 크게 번성하여 하늘의 별
과 같고 바닷가의 모래와 같게 하리니 네 씨가 그 대적의 성문
을 차지하리라 또 네 씨로 말미암아 천하 만민이 복을 받으리
니 이는 네가 나의 말을 준행하였음이니라 하셨다 하니라

| 창 22:16-18 |

인생은 살면 살수록 녹록하지 않음을 느낍니다. 시절마저 하 수상하니 '과연 내 믿음을 가지고 이 시대를 견디며 살아갈 수 있을까' 하는 의구심이 들기도 합니다. 지금은 믿음을 돌아볼 때입니다. 내 믿음은 어디서부터 출발했으며, 목적이 무엇인지를 알아야 합니다. 또 어떤 믿음을 가져야 이 시대를 견디고 이겨 낼 수 있을지 깊이 생각해 봐야 합니다.

그런 의미에서 먼저 '믿음의 조상'으로 불리는 아브라함을 살펴볼 필요가 있습니다. 하나님은 그의 무엇을 보시고 그를 성경에서 제일가는 믿음의 사람으로 세우셨을까요? 그는 어떻게 해서 그런 믿음을 지니게 되었을까요?

'하나님의 계획'이라는 주제로 보면, 창세기는 12장을 기준으로 그 전과 후가 완전히 달라집니다. 잘 알려진 대로 창세기 1장부터 11장까지를 '원역사'(Primeval History)라고 하는데, 그야말로 인간의 계속되는 실패의 기록입니다. 그런데 12장에 들어서면서부터 하나님은 아브람, 곧 아브라함을 통해 믿음의 새 여정을 시작하십니다. 그러면 아브라함 이전의 믿음은 무엇에 실패했는지, 아브라함 이후부터 믿음을 새롭게 하고자 하는 프로젝트는 무엇을 위한 것인지를 알 필요가 있습니다.

인간 회복 선언 프로젝트, '믿음 플랜'

하나님은 아브라함을 통해 무얼 하고자 하셨을까요? 하나님은 아담의 타락에서 비롯된 실패 이야기를 역전하여 새로운 성공 이야기를 쓰시고자 했습니다. 하나님은 아담과 하와를 지으시고, 그들에게 에덴동산을 맡기셨으나 결국 뱀의 유혹을 이기지 못하고 타락한 그들을 쫓아내셔야 했습니다. 그뿐 아니라 가인과 아벨 사이에 벌어진 형제 살인을 목격하셔야 했고, 인간의 번성과 더불어 죄악이 관영하니 세상을 물로 심판하셔야 했습니다. 그런데 심판에서 살아남은 노아의 후손조차도 끝내 바벨탑을 짓고야 마는 것을 보시고야 말았습니다.

창세기 12장에 이르러서야 하나님은 아브라함을 불러 새 역사를 쓰고자 하십니다. 사실 아브라함에게 주어진 믿음은 처음부터 완전한 것이 아니었습니다. 하나님은 아브라함의 불완전한 믿음을 서서히 완성해 나가십니다.

그런데 우리는 예기치 않은 곳에서 극적인 한 장면을 마주합니다. 아브라함에게 약속의 아들인 이삭이 주어지기까지 무려 25년이라는 세월이 흘렀는데, 그는 아들과 함께 믿음의 마지막 관문 앞에 섰습니다. 그 마지막 시험이 어렵사리 얻은 아들을 제물로 바치라는 것일 줄은 몰랐을 것입니다. '설마 여기까지 끌고 오기 위해서 아들을 주셨던 것인가?' 하는 생각이 들 법합니다.

　아브라함은 이삭을 번제물로 바치라는 명령에 순종하여 아들을 결박해 제단 나무 위에 눕히고 칼을 들어 잡으려고 했습니다. 그러자 여호와의 사자가 "아브라함아 아브라함아" 하고 불러 즉시 멈추게 하고 이렇게 말합니다.

> 그 아이에게 네 손을 대지 말라 그에게 아무 일도 하지 말라 네가 네 아들 네 독자까지도 내게 아끼지 아니하였으니 내가 이제야 네가 하나님을 경외하는 줄을 아노라 (창 22:12)

　하나님은 아브라함에게 "네가 이같이 행하여 네 아들 네 독자도 아끼지 아니하였은즉 내가 네게 큰 복을 주고 네 씨가 크게 번성하여 하늘의 별과 같고 바닷가의 모래와 같게 하리니 네 씨가 그 대적의 성문을 차지하리라 또 네 씨로 말미암아 천하 만민이 복을 받으리니 이는 네가 나의 말을 준행하였음이니라"(창22:16-18)라고 말씀하며 축복하십니다. 천하 만민이 비로소 복을 받게 되었습니다.

　그렇다면, 그전에 아담과 하와는 왜 실패했고, 또 믿음의 2세대가 됐어야 할 가인과 아벨은 왜 실패했으며, 물의 심판 후에 노아의 후손들은 왜 바벨탑 사건에 이르렀습니까? 왜 인간은 그토록 끊임없이 실패해 왔을까요?

　그 단서는 이사야서 43장에서 찾을 수 있습니다. 하나님은 이사야를 통해 이렇게 말씀하십니다.

이 백성은 내가 나를 위하여 지었나니 나를 찬송하게 하려 함이니라
(사 43:21)

의자는 무엇 때문에 만들었습니까? 앉으려고 만든 것입니다. 마이크는 왜 만들었습니까? 소리를 증폭시키려고 만든 것 아닙니까? 이 땅의 만물은 저마다 존재 목적이 있습니다. 온 우주를 창조하신 하나님은 먼저 하늘과 땅을 만드시고, 온갖 생물을 만드시고, 달과 별과 해를 만드신 후에 마지막으로 인간을 지으셨습니다. 인간이 살 수 있는 모든 조건을 갖춰 놓으신 후에야 인간을 만드신 것입니다. 인간이야말로 최후의 걸작품이기 때문입니다. 인간의 존재 목적은 무엇입니까? 하나님을 찬송하는 것입니다. 하나님의 형상을 닮은 인간이 해야 할 궁극적인 일입니다.

그런데 이 목적을 기억하는 사람이 얼마나 있겠습니까? 모두 자기 자신을 찬송하기에 분주합니다. 에덴동산에서 쫓겨난 이래 인간은 지금까지도 자기중심적으로 살아오고 있습니다. 뱀이 하와를 유혹한 대로 차라리 내가 하나님처럼 되면 됐지, 뭐 하러 하나님을 찬송하느냐는 것입니다. 그러나 인간이 하나님처럼 되었다고 외쳐 보았자 어떤 모습이 됩니까? 부끄러운 곳을 가리고자 할 뿐입니다.

하나님을 거역한 모든 인간은 결핍과 열등감에 시달립니다. 한 사람에게 주어진 시간이 제한적이고, 능력도 제한적이어서 부족한 재원과 능력을 남에게서 빼앗아 끌어 쓰는 데 골몰합니다. 인간은 도대체 무슨 일에 분주하며 무엇 때

문에 이토록 분주해졌습니까? 자기의 존재 목적을 잊어버렸기 때문입니다. 하나님을 찬양하면 바쁠 것도 불안할 것도 없지만, 부족한 자신을 찬양하면 쉼도 평안도 없습니다.

그래서 하나님은 한 사람 아브라함을 통해서 인간의 존재 목적을 회복하는 프로젝트를 시작하셨습니다. 인간을 구원하고자 하는 목적은 인간을 원상태대로 회복하는 것입니다. 회복된 인간은 처음 지어진 존재 목적에 따라 하나님을 찬송하게 될 것입니다. 이렇듯 인간의 회복 선언을 위한 프로젝트가 바로 구원 프로젝트이며, 또 다른 이름이 '믿음 플랜'입니다.

하나님은 내가 스스로 믿는 것을 끊으신다

아브라함이 자기 "고향과 친척과 아버지의 집을 떠나"(창 12:1) 하나님이 보여 주실 땅으로 가는 것은 사실 죽음의 길을 가는 것이나 마찬가지였습니다. 당시 "고향과 친척과 아버지의 집"은 사람을 지켜 주는 울타리와도 같았습니다. 울타리를 벗어나 정처 없는 나그네로 살아 간다는 것은 자살 행위와 다름없는 위험한 결정이었습니다. 그럼에도 불구하고 아브라함은 순종했습니다.

아브라함이 처음부터 온전히 순종했던 것은 아닙니다. 아버지 데라와 함께 갈대아 우르를 떠날 때부터 자기 아내 사라와 죽은 형 하란의 아들인 조카 롯을 거느렸고, 하란에서 아버지를 여의고 나서는 그곳에서 큰 재물을 모으고 사람을 얻었습니다. 이때만 해도 그는 아마 자녀가 없었으므로 조카 롯을 후계자로 삼으려고 했을지 모릅니다. 그래서 롯을 데리고 가나안 땅으로 들어간 것 아니겠습니까?

가나안 땅에 들어갈 때 그는 빈손이었을까요? 아닙니다. "하란에서 모은 모든 소유와 얻은 사람들을"(창 12:5) 이끌고 들어갔습니다. 가나안에 들어가 보니 그곳이 빈 땅이었습니까? 아닙니다. 가나안 원주민들이 있었습니다. 하나님은 아브라함을 통해 "땅의 모든 족속이"(창 12:3) 복을 얻게 하리라고 약속하셨습니다. 이것은 정말로 어마어마한 약속입니다. 상상할 수 없을 만큼 원대한 계획입니다.

하나님은 왜 이런 엄청난 약속을 하셨습니까? 그것은 남을 착취하거나 죽이고서라도 자기 소유와 자신의 노력을 통해 스스로 복을 얻고자 하는 시도들을 끊으려는 하나님의 뜻이 있었기 때문입니다. 그러므로 하나님을 믿는다는 것은 인간이 자기 자신과 주변의 모든 관계로부터 무엇인가를 얻고자 하는 노력의 패러다임을 바꾸는 작업입니다.

아브라함이 조카 롯을 노후 보장책으로 삼아 이끌고 다닌 것은 실은 하나님을 온전히 신뢰하지 못했기 때문입니다. 큰 민족을 이룰 실마리가 전혀 눈에 보이지 않으니 여차하면 롯을 통해서라도 대를 잇게 하려고 했던 것입니다.

당시 히브리 사람들에게는 '고엘'이라는 독특한 제도가 있었습니다. 친족이 기업을 무르는 것입니다. 서로의 생명과 재산뿐 아니라 가문을 보호하는 일종의 상호 보호 제도입니다. 그들에겐 마지막까지 자기를 지켜 줄 사람, 억울하게 죽으면 대신 원수를 갚아 줄 사람이 필요했고, 일종의 보호막을 두르는 것이 바로 고엘 제도입니다. 그러나 나그네에게는 그런 게 있을 리가 없습니다. 고아나 과부나 나그네는 보호막이 없는 사람들입니다. 그러므로 성경은 그들을 불쌍히 여기라고 말합니다.

하나님이 아브라함을 가나안 땅으로 들여보내 주시는데, 아브라함은 옛날 버릇대로 자기를 지켜 줄 만한 것들을 모두 이끌고 들어갔습니다. 그러나 그가 그 땅에 도착하자 그를 기다린 것은 기근이었습니다. 그는 망설임 없이 애굽으로 피신했습니다. 믿음의 첫발을 내디딜 때 누구나 이런 상황과 맞닥뜨립니다. 믿는다고 하면서도 최소한의 보장책이라도 쥐고 있으려 하지만 내 힘으로 감당할 수 없는 기근 앞에 속절없이 무너집니다. 하나님은 인간이 스스로 믿고 있는 바를 반드시 끊어 버리시기 때문입니다. 애굽에서 돌아온 아브라함은 결국 롯과 결별합니다.

그러나 아브라함은 하나님의 약속에도 불구하고 다메섹 사람 엘리에셀을 상속자로 삼으려고 합니다. 여전히 자신의 안전을 위해 가장 가능성이 높은 것을 붙드는 것입니다. 사실, 인간은 스스로 지킬 만한 게 있으면 하나님을 바라보기보다는 눈앞에 보이는 지푸라기라도 잡으려고 하지 않습니까? 하지만 믿음이란 더 이상 나를 지켜 줄 것이 없는 상황에서 오직 하나님을 바라보는 일입니다.

아브라함은 하나님이 기대하시는 믿음 수준에 아직 이르지 못했습니다. 아브라함뿐 아니라 사라도 마찬가지입니다. 그녀는 이미 나이 들어 생리가 끊어진 지가 오래입니다. 자신의 태중에 아이가 생기는 건 상상도 못 할 일이기에 "내가 혹 그로 말미암아 자녀를 얻을까"(창 16:2) 하며 남편에게 자기 여종 하갈을 내줍니다. 설상가상으로 아브라함이 사라의 말을 고분고분 듣습니다. 들어야 할 하나님의 말씀을 듣지 않고, 듣지 말아야 할 사라의 말을 들은 것입니다. 들어야 할 하나님의 말씀을 듣지 않고, 듣지 말아야 할 하와의 말을 들었던 아담의 후손다운 처신입니다.

하나님은 아브라함의 버릇, 곧 자신의 생존을 위한 자구책을 찾느라 믿음이 자라지 않는 이 버릇을 고쳐 주시고자합니다. 아브라함의 나이 99세, 사라의 나이 89세인데 어떻게 아이가 생기겠느냐고 비웃었지만 진짜로 아이가 생겼습니다. 하나님이 말씀하시면 반드시 이루어집니다. 문제는 우리가 생각하는 방법이나 우리가 원하는 때에 이루어지지 않는다는 것입니다.

아브라함은 하나님의 약속을 무려 25년간이나 믿지 못했습니다. 그래서 롯을 의지했다가 엘리에셀을 생각했다가 이스마엘을 낳는 등 우왕좌왕하며 살았습니다. 믿음의 조상이라고 하는 아브라함의 믿음 수준이 그 정도였던 것입니다.

하나님은 믿음에 양보가 없으시다

아브라함의 좌충우돌하는 삶이 우리에게 위로가 되기를 바랍니다. 우리의 믿음도 처음부터 대단했던 적은 없습니다. 하나님이 믿음을 빚어 가십니다. 그 과정에서 믿음이 자라갑니다. 드디어 사라가 약속의 아들인 이삭을 낳자 그야말로 그녀의 입가에 번졌던 비웃음이 온 얼굴에 기쁨이 가득한 웃음으로 변했습니다.

그런데 시간이 흘러 이삭이 청소년이 되었을 때 하나님은 아브라함에게 이삭을 번제로 바치라고 하셨습니다. 하나님이 아브라함에게 약속하신 지 25년 만에 어렵게 주신 아들과 생이별하라고 요구하신 것입니다. 이것은 믿음의 극적인 두 가지 사건 중 하나입니다. 첫째, 갈대아 우르를 떠나는 것은 모든 보호막에서 벗어남을 뜻하는 사건입니다. 둘째, "네 아들 네 사랑하는 독자 이삭을 데리고 모리아 땅으로 가서 내가 네게 일러 준 한 산 거기서 그를 번제로 드리라"(창 22:2)라는 요구는 인간이 가장 소중하게 여기는 혈육의 관계를 버리라는 것입니다.

이때 이삭의 나이가 열여섯 살쯤 되었을 테니 아버지보다 힘이 세지 않았겠습니까? 그런데 이삭은 아무 말 없이 아버지를 따라 사흘 길을 걸어 모리아산으로 갔습니다. 그러고는 마지막에서야 아버지에게 한 번 묻습니다. "불과 나무는 있거니와 번제할 어린 양은 어디 있나이까"(창 22:7). 이때 아브라함은 이렇게 대답합니다. "내 아들아 번제할 어린 양은 하나님이 자기를 위하여 친히 준비하시리라"(창 22:8). 그 새 아브라함의 믿음이 이 수준까지 자라났습니다.

놀랍게도 한 사람의 믿음을 통해서 구원 프로젝트가 이루어집니다. 어떤 아버지가 사흘 길을 가면서 아들에게 말 한마디 해 주지 않을 수 있겠습니까? 그런데도 아브라함은 믿음을 시험하는 마지막 관문을 통과합니다. 이 일은 나중에 오실 예수 그리스도를 표상하는 사건으로 이해됩니다.

믿음의 사람이 된다는 것은 엄청난 사건입니다. 아브라함의 믿음이 완성되자 하나님은 믿음의 약속을 새롭게 하시는데, 바로 인류를 구원할 메시아가 태어나리라는 약속입니다. 나중에 오실 메시아는 십자가를 지라는 명령에 끝까지 순종하실 것입니다. 그 믿음을 통해 인간을 구원하실 것입니다. 이처럼 믿음으로 부름 받은 사람은 누구나 결정적인 순간을 맞이합니다. 자신을 지켜 주던 모든 보호막이 벗겨지는 가슴 아픈 사건을 경험하게 될 것이고, 가장 의지했던 사람과 결별하는 사건을 경험하게 될 것입니다. 그러나 하나님은 이것을 통해 믿음의 조상 아브라함처럼 우리의 믿음을 빚어 가심을 신뢰해야 합니다.

그러므로 기대하십시오. 엄청난 사건이 기다리고 있으니 기뻐하십시오. 하나님보다 우선시했던 모든 걸 끊어 버리겠다고 결단하는 순간, 하나님은 그것을 빼앗아 가시는 것이 아니라 오히려 누릴 수 있게 하십니다. 전에는 우상처럼 여겨졌던 것들에 묶여 있지 않게 하시고, 결단을 통해서 칼로 도려내듯 끊어 내게 하시니 우리는 우상의 지배를 받지 않는 진정한 자유를 맛보게 됩니다. 시험의 고비를 잘 넘기고, 믿음의 여행을 통해 놀라운 열매를 거두어 나가기를 바랍니다.

우리는 갈대아 우르를 떠나는 여정에 있을 수도 있고, 이제 막 가나안 땅에 들어왔을 수도 있습니다. 하나님을 믿고 길을 나섰건만 사방의 대적들로부터 욱여쌈을 당하거나, 절대로 우호적이지 않은 사람들 틈에 있을 수도 있습니다. 어떤 상황에 놓여 있건 지금 있는 그 자리에서 믿음의 제단을 쌓기만 하면, 하나님은 반드시 약속의 땅을 우리에게 주실 것입니다.

아브라함은 하나님의 약속을 믿고 그 땅에 들어가 가는 곳마다 제단을 쌓았습니다. 그는 제단을 쌓았을 뿐이지만, 하나님은 그곳을 하나님 나라로 만드십니다. 우리도 믿음으로 길을 떠나야 합니다. 가는 곳마다 제단을 쌓고 믿음으로 기도하며, 그 땅을 하나님 나라로 선포하십시오. 그러면 우리가 거하는 바로 그곳에 하나님 나라가 임하게 될 줄로 믿으십시오. 그러나 만약에 그 땅과 그 땅의 소출을 내 것으로 착각한다면, 하나님은 그 착시를 바로잡을 사건을 반드시 일으키실 것입니다.

우리가 어떤 믿음의 여정을 가고 있건 간에 믿음의 사건을 통해서 이 땅을 구원하시고자 하는 하나님의 계획은 한 번도 멈춘 적이 없습니다. 믿는 척만 해서는 아무것도 달라지지 않습니다. 정말로 하나님을 믿지 않으면, 자신에게 유리한 대로 믿고 하나님을 수단으로서만 의지한다면, 믿음의 고된 여정은 평생 끝나지 않을 것입니다. 그뿐 아니라 장차 새 하늘과 새 땅에 들어갈 수 없음을 기억하기를 바랍니다. 그러므로 믿음에 양보가 없으신 하나님께 순종하기를 축복합니다.

Q&A

Q 하나님은 왜 아브라함에게 아들 이삭을 바치라는 잔
   인한 요구를 하셨을까요?

우리는 흔히 '정'(情)과 사랑을 혼동하곤 합니다. 그러
나 하나님은 우리에게 정을 베푸시는 분이 아닙니다. 때론
냉정하게 느껴지더라도 사랑을 베푸시는 분입니다. 우리는
'정'으로 신앙을 유지하려고 하지만, 신앙은 '사랑'으로 가
는 길입니다.

아브라함에게 이삭을 번제물로 바치라고 하신 명령은
인간의 정으로는 따를 수 없는 일입니다. 사랑과 정은 차원
이 다른 말입니다. 정으로 살던 부부가 어느 날 서로에게 정
나미가 떨어졌다는 이유로 이혼하는 걸 봅니다. 그러나 만
일 사랑에 기초한 관계였다면, 영원한 가정이 되었을 것입
니다.

어떻게 보면, 하나님은 정이 없어 보이십니다. 사랑하시
는 건 맞는데, 우리가 보기에는 정 없는 사랑입니다. 그러나
누가 하나님처럼 아브라함을 사랑할 수 있겠습니까? 누가
하나님처럼 예수 그리스도를 사랑할 수 있겠습니까? 누가
예수님처럼 제자들을 사랑할 수 있을까요?

감정과 사랑을 혼동해서는 안 됩니다. 신앙의 길을 가면 갈수록 정이나 한이나 연민 같은 감정들을 잘 다스려야 합니다. 감정을 잘못 다스리면, 사랑 아닌 것을 사랑으로 착각하거나 오해하게 됩니다.

하나님은 예수님을 가리켜 "내 사랑하는 아들"(막 1:11)이라고 말씀하셨으면서 왜 그 아들을 십자가에 달리게 하십니까? 하나님의 계획은 신앙 안에서 하나님의 때와 방법대로 이루어져야 하므로 우리가 보기에는 정 없는 사건이 될 수도 있습니다. 즉 아브라함에게 이삭을 바치라고 하신 명령은 하나님의 사랑이 감정적인 정이 아닌 다른 차원의 사랑임을 보여 줍니다.

Q 예수님이 십자가에서 "엘리 엘리 라마 사박다니"(마 27:46; 막 15:34) 하고 외치신 것은 믿음이 흔들리셨기 때문인가요?

"엘리 엘리 라마 사박다니"는 번역하면, "나의 하나님, 나의 하나님 어찌하여 나를 버리셨나이까"입니다(막 15:34). 십자가의 죽음과 부활을 이미 아셨을 텐데, 왜 그토록 힘들어하셨는지 이해가 안 될 수도 있습니다. 그러나 이러한 몰이해는 하나님과 그 아들 예수의 사랑을 충분히 알지 못한

탓입니다.

젊은 시절에 연애하다가 헤어져서 며칠을 눈물로 지새워 본 적이 있습니까? 관계가 끊어지는 아픔은 육신이 찢기는 아픔에 비할 바가 아니지 않습니까? 하나님과 그 독생자의 사랑은 끊어질 수 없는 사랑입니다. 게다가 자기 죄 때문도 아니고, 인간의 죄를 대신 짊어지느라 아버지와의 관계가 끊어져야 한다는 것은 상상조차 할 수 없는 고통입니다.

"엘리 엘리 라마 사박다니"는 온 인류의 죄를 대신 짊어지고 그 죄로 인해 하나님과 끊어지는 고통을 고스란히 겪으면서 터져 나온 절규입니다. 즉 예수님의 절규는 단순한 감정의 표출이 아니라 하나님과의 관계가 단절됨으로써 겪는 상상할 수 없는 고통을 드러내는 것입니다.

중요한 것은 하나님과 아들의 사랑이 확실히 끊어져야 하나님과 우리가 이어진다는 사실입니다. 잠시 끊어진 척하는 것이 아닙니다. 예수님이 확실히 죽으셔야 하고, 예수님과 하나님의 관계가 확실히 끊어져야만 합니다. 이 단절을 통해 하나님과 인간 사이에 새로운 연결이 시작됩니다.

Q 예배만 드리고 교회 활동은 안 하고 있는데, 괜찮을
　 까요?

　믿음이란 하나님을 경외하며 그 보좌 앞에 엎드리는 것
입니다. 어떤 형태로든 예배를 드리고 있다는 것은 그 땅이
이미 하나님 나라로 이루어져 가고 있음을 뜻합니다. 물론
주일 성수를 하고, 교회 공동체에 들어가서 말씀을 배우고
사역을 감당해야 마땅합니다. 공동체를 통하지 않고는 단단
한 자아가 깨지지 않고, 고난이 없으면 성장하지 않기 때문
입니다. 공동체를 통하지 않고는 새사람으로 거듭나기 힘들
고, 올바른 신앙인으로 성장하기 어렵다는 것은 맞는 말입
니다. 그러나 어떤 사람에게는 사역을 통한 성장보다 먼저
위로가 절실할 수 있습니다.
　중요한 것은 예배만 드려도 하나님이 일하기 시작하신
다는 것입니다. 그러므로 사정상 교회 활동은 못 하고, 예배
만 드린다고 해서 너무 걱정하지 마십시오. 예배는 믿음의
시작이고 핵심이기 때문입니다. 특히 홀로 신앙생활을 하는
사람이 있다면, 그 사람은 선교지에서 살고 있는 것이나 다
를 바 없으므로 그의 예배를 하나님께서 더욱 기쁘게 받으
실 것입니다. 하나님 앞에 예배드리는 것만으로도 큰 은혜
임을 잊지 마십시오.

Q 믿음은 바라는 것들의 실상이라고 했습니다. 바라는 게 많은데, 굳게 믿으면 다 이루어 주실까요?

"믿음은 바라는 것들의 실상"(히 11:1)이라는 말은 진리입니다만 "바라는 것"을 '내가 욕망하는 것들'로 오해해서는 안 됩니다. 여기서 "바라는 것들"이란 내 욕망이 아니라 '구원'을 의미합니다. 성경은 전체가 구원에 관한 이야기이므로 믿음은 곧 구원을 위한 실상입니다. 즉 믿음은 내가 원하는 것을 이루기 위한 도구가 아니라 하나님의 뜻 안에서 구원의 실상을 살아가는 것입니다. 성경은 내 이야기가 아니라 하나님의 이야기임을 기억하십시오.

예수님은 "너희가 내 안에 거하고 내 말이 너희 안에 거하면 무엇이든지 원하는 대로 구하라 그리하면 이루리라"(요 15:7)라고 말씀하셨습니다. 그렇습니다. 하나님의 뜻을 아는 사람이 구하면, 무엇을 구하든 하나님의 뜻에 맞는 것을 구하지 하나님의 뜻과 상관없는 것을 구하지 않을 것입니다

그렇다면, 주님이 주시는 약속과 자신의 욕망을 어떻게 구분합니까? 이것은 결국 하나님의 뜻을 분별하는 문제입니다. 하나님은 우리 믿음이 자랄 때까지 기다려 주시고, 믿음이 내면에서 아름답게 변화될 때까지 충분히 기다리시는 분입니다. 그러므로 하나님의 뜻인지 분별하기 어려우면, 뜻을 분명하게 보여 달라고 기도하고 기다려야 합니다.

사실, 기다리는 게 제일 어렵습니다. 꼼짝없이 잠잠히 있어야 하기 때문입니다. 기다림이란 수동적인 행동입니다. 그래서 대부분 충분히 기다리지 못하고, 자기 생각대로 결정하고 행동하곤 합니다. 즉 우리의 성급함과 조급함이 문제입니다. 자기 욕망과 조급함 때문에 하나님을 잃어버리는 실수를 저지르지 않도록 정신 차리고 깨어 있어야 합니다.

믿음이란
오직 하나님을 바라보는 일입니다.

2

믿음이 성숙하는 인생

욥이 여호와께 대답하여 이르되 주께서는 못 하실 일이 없사오며 무슨 계획이든지 못 이루실 것이 없는 줄 아오니 무지한 말로 이치를 가리는 자가 누구니이까 나는 깨닫지도 못한 일을 말하였고 스스로 알 수도 없고 헤아리기도 어려운 일을 말하였나이다 내가 말하겠사오니 주는 들으시고 내가 주께 묻겠사오니 주여 내게 알게 하옵소서 내가 주께 대하여 귀로 듣기만 하였사오나 이제는 눈으로 주를 뵈옵나이다 그러므로 내가 스스로 거두어들이고 티끌과 재 가운데에서 회개하나이다 | 욥 42:1-6 |

동물은 자신을 세상의 중심으로 여기지 않습니다. 개미건 코끼리건 돌고래건 덩치가 크건 작건 "내가 온 우주의 중심이다!"라고 외치는 동물은 없습니다. 그런데 이상하게도 인간은 어디를 가나 영화 〈타이타닉〉의 주인공 잭처럼 이렇게 외칩니다. "나는 세상의 왕이다!"(I am the king of the world)

왜 인간은 모든 상황 가운데 자기를 중심에 놓고 생각하는 걸까요? 그야말로 어떤 본능적인 의식 구조가 있는 것일까요? 아마도 인간이 하나님의 모양과 형상을 따라서 지음 받았기 때문일 것입니다. 즉 하나님의 DNA가 있는 인간은 자신의 주변 환경을 파악하고, 상황을 해석하여 의미를 부여하고자 한다는 것입니다. 그러므로 성장할수록 자기중심성은 더 강화됩니다.

인간의 자기중심적 성향을 내버려 두면 어떻게 되겠습니까? 끝없이 확장할 것입니다. 그렇게 저마다 자기가 세상의 중심이라고 생각하는 사람들이 모인 공동체가 화목할 수 있을까요? 실로 바람 잘 날이 없을 것입니다. 그래서 이른바 사회화(socialization) 과정이 필요합니다. 인간은 사회화 교육을 통해 공동체에 적응하는 법과 사회 구성원으로서 더불어 살아가는 법을 배우게 됩니다. 그러나 그것만으로는 모자라기 때문에 법적 질서를 추구하게 되었습니다. 즉 법의 테두리 안에서 살도록 요구받게 된 것입니다.

그런데 하나님은 우리를 인간이 만든 질서와 제도 밖으로 끄집어내고자 하십니다. 이성과 상식의 세계를 벗어난 믿음의 삶으로 우리를 초청하시는 것입니다. 믿음의 삶은 궁극적으로 자기중심적 삶과는 충돌할 수밖에 없습니다. 자기중심적인 본성으로 만든 세상 질서와 부딪히고 충돌하는 것이 믿음의 삶입니다.

어떻게 하면 믿음의 삶을 더욱 성숙하게 살아내겠습니까? 어떻게 해야 믿음을 통해서 이루어야 할 것이 무엇인지를 알고, 도달해야 할 곳이 어디인지를 알 수 있겠습니까?

무엇 때문에 하나님을 믿는가

　이른바 믿는 사람이 되고 나니 세상 살기가 어떻습니까? 어떤 사람은 믿음이 있으면 살기가 좀 더 나을 줄 알았다고 말합니다. 믿음이 없는 사람보다 편안하게 살 줄 알았다고 합니다. 뭐라도 더 낫겠지 싶었답니다. 그런데 웬걸, 어찌 된 일인지 살기가 더 힘들더랍니다. 왜 힘듭니까? 자기중심적인 나를 주변부로 기꺼이 밀어내는 것에 익숙해지지 않으면, 믿음과 자꾸 충돌하게 되기 때문입니다. 믿음이 깊어갈수록 세상 살기가 점점 더 불편해지고 힘들어집니다. 급기야 언제까지 이렇게 힘들게 살아야 하느냐고 하소연하게 됩니다.

　주님을 믿고 나서 오히려 삶이 더 힘들게 느껴지는 그 사정을 주님이 아십니다. 그래서 우리는 이따금 잠시 멈추어 서서 믿음의 출발점을 돌아보고, 그 궁극의 목적지를 깊이 생각해 봐야 합니다. 그래야 믿음의 여정을 제대로 밟아 갈 수 있습니다. 그 여정을 잘 보여 주는 사람이 바로 욥입니다. 욥은 아브라함과 동시대 사람으로 봅니다.

　아브라함이 어떻게 '믿음의 조상'이 되었습니까? 하나님의 초대에 믿음으로 응한 덕분입니다. 잘 알지도 못 하는 신이 내게 와서 "너는 너의 고향과 친척과 아버지의 집을 떠나 내가 네게 보여 줄 땅으로 가라 내가 너로 큰 민족을 이루고 네게 복을 주어 네 이름을 창대하게 하리니 너는 복이 될 지라"(창 12:1-2)라고 한다고 해서 누가 곧이곧대로 믿고 길을 떠나겠습니까? 그러나 아브라함은 자기 이성과 경험이 아닌 믿음이 이끄는 삶의 여정을 시작했습니다.

아브라함의 인생이 하나님이 그를 믿음의 사람으로 빚어가시는 이야기라면, 욥의 인생은 하나님이 흠잡을 데 없이 좋은 욥의 믿음을 마구 부수었다가 다시 회복시키시는 이야기입니다. 무엇 때문에 부수십니까? 욥의 믿음을 하나님이 원하시는 수준으로 높이기 위함입니다. 이는 하나님 중심으로 살고 있다고 자타가 공인하는 그런 훌륭한 신앙인 조차도 궁극적으로는 하나님을 만나는 데까지 이르지 못하는 일이 있기 때문입니다. 부모는 자녀가 평생 미숙한 채로 머물러 있기를 원치 않습니다. 그래서 하나님은 욥의 좋은 신앙을 산산조각 내십니다.

원래 욥은 믿음에 관한 한 하나님의 자랑거리였습니다. 어디 내놓아도 칭찬받을 자녀, 누가 봐도 훌륭한 신앙인이었습니다. 그런데 사탄이 "욥이 어찌 까닭 없이 하나님을 경외하리이까"(욥 1:9)라고 참소하기 시작합니다. 욥의 믿음이 좋다는 것이야 널리 알려진 사실이지만, 그럴 만한 이유가 있지 않겠느냐는 것입니다. 사탄은 "욥은 굉장한 부자인 데다가 자녀가 열이나 됩니다. 무엇 하나 부족한 것이 없습니다. 하나님이 그렇게 복을 많이 주셨으니 잘 믿는 것 아니겠습니까? 그가 가진 것을 다 빼앗아 보십시오. 허울 좋은 믿음의 실체가 드러나지 않겠습니까?" 하고 도전합니다. 하나님은 욥이 가진 소유물의 처분을 사탄에게 맡기십니다. 단그의 몸을 건드려서는 안 된다는 한계를 두십니다.

이렇게 해서 욥의 고난이 시작되었습니다. 살다 보면, 까닭 모를 고난을 겪을 때가 있는데, 어쩌면 그것은 자신에게서 비롯된 게 아니라 하나님이 허락하신 것일지도 모릅니다. 욥은 느닷없이 고난의 한복판에 내던져졌습니다. 그러나 그는 끝내 믿음을 저버리지 않았습니다. 오히려 "내가 모태에서 알몸으로 나왔사온즉 또한 알몸이 그리로 돌아가올지라 주신 이도 여호와시요 거두신 이도 여호와시오니 여호와의 이름이 찬송을 받으실지니이다"(욥 1:21) 하고 하나님께 예배를 드렸습니다.

욥의 믿음이 확인되었는데도 사탄은 쉽게 물러서지 않고, 거듭 참소합니다.

> 그의 뼈와 살을 치소서 그리하시면 틀림없이 주를 향하여 욕하지 않겠
> 나이까 (욥 2:5)

하나님은 다시 한번 욥의 처분을 사탄에게 맡기십니다. 다만 그의 생명만은 끝까지 해하지 말아야 합니다.

이로써 욥의 고난은 극한으로 치닫습니다. 이미 재물과 자식을 모두 잃은 욥을 쳐서 "그의 발바닥에서 정수리까지 종기가 나게"(욥 2:7) 한 것입니다. 고통에 헐떡거리며 그저 숨만 붙어 있는 신세가 되었습니다. 그럼에도 욥이 믿음을

굳게 지키는 모습을 본 그의 아내가 차라리 "하나님을 욕하고 죽으라"(욥 2:9) 하며 진저리를 칩니다.

사탄이 욥을 참소하는 이유가 무엇입니까? 욥의 믿음이 좋은 이유가 있다는 것을 증명하려는 것입니다. 아무런 까닭도 없이 믿음이 좋을 리가 있겠느냐는 것입니다. 그렇다면 하나님이 사탄에게 욥의 시험을 허락하신 이유가 무엇이겠습니까? 욥의 믿음이 과연 반듯하다면 까닭 없이도 하나님의 주권을 인정할 줄 알아야 하는데, 그것을 확인하시고자 하는 것입니다. 이것이 바로 욥이 시험받은 이유입니다. 잘 먹고 잘사니까, 일이 잘 풀리니까, 자식 복이 넘치니까, 그러니까 하나님을 믿는 것 아니냐는 질문 앞에 선 것입니다. 이 질문은 오늘날도 여전히 유효합니다. 우리는 어떤 이유에서 하나님을 믿습니까? 하나님을 믿는 데 어떤 이유가 있어야 합니까?

문제 해결보다는 깊은 진리로 인도하신다

사실, 욥만 믿음이 좋은 것이 아닙니다. 하나님도 믿음이 좋으신 분입니다. "욥은 내가 준 재물이나 자녀의 축복 때문에 나를 믿는 것이 아니야. 그는 나를 제대로 믿을 줄 아는 믿음의 사람이다. 사탄아, 과연 네 참소가 맞는지 어디 한번 시험해 보거라" 하실 정도로 욥을 믿으신 것 아니겠습니까! 문제는 욥이 시험에 붙을락 말락 간당간당한다는 것입니다.

어떻게 보면, 욥은 하나님의 비위를 맞추기 위해서 전심 전력을 다해 살아온 사람입니다. 어쩌면 하나님이 주신 재물과 모든 소중한 것들을 한순간에 거두어 가실까 봐 노심초사하며 살았을지도 모릅니다. 그러나 정말로 모두 거두어 가셨는데도 용케 믿음을 저버리지 않았습니다.

이제 욥은 더욱 견딜 수 없는 상황에 놓입니다. 친구들이 그의 믿음을 비난하고 나선 것입니다. 일종의 인과응보론적 비난입니다. 콩 심은 데 콩 나고, 팥 심은 데 팥 나듯 지은 죄가 있으니까 벌을 받는 것 아니냐는 것입니다. 그에게 불행이 닥친 것은 분명히 죄가 있어서일 테니 회개하라고 다그칩니다. 그러나 욥은 아무리 생각해도 회개할 게 없다고 말합니다. 격렬한 논쟁이 벌어집니다. 차라리 죄 때문에 고난받는다면 억울하지라도 않겠는데, 아무 죄 없이 고난받는다고 생각하니 욥은 친구들의 비난을 도저히 수용할 수가

없습니다. 급기야 하나님께 "내 마음이 뼈를 깎는 고통을 겪
느니 차라리 숨이 막히는 것과 죽는 것을 택하리이다 내가
생명을 싫어하고 영원히 살기를 원하지 아니하오니 나를 놓
으소서 내 날은 헛것이니이다"(욥 7:15-16)하고 하소연하기
에 이릅니다.

이처럼 인과응보론적 신앙관은 이해할 수 없는 고난을
만난 사람을 좌절케 하고 막다른 길로 내몰고 맙니다. 삶의
주권자이신 하나님이 주신 자유를 고난의 무게가 짓누르기
에 그렇습니다. 하나님을 믿지만, 하나님의 임재보다 내 고
통의 무게가 더 묵직하게 느껴질 때, 왜 하나님은 나를 이 고
통에서 건져 주시지 않는가 하며 조바심을 느끼지 않겠습니
까? 심하면, 차라리 죽는 게 낫겠다는 생각이 들지 않겠습니
까? 극단으로 치달으면, 나에게 부당한 고통을 가하시는 하
나님보다도 내가 더 의로운 존재가 되기도 합니다(욥 32:1-2).

욥이 그의 무죄를 주장하는 데는 자신의 의로움에 대한
철석같은 믿음이 있었기 때문입니다. 그는 "내가 가는 길을
그가 아시나니 그가 나를 단련하신 후에는 내가 순금같이
되어 나오리라"(욥 23:10)라고 주장한 바 있습니다. 이는 단련
받고 더 좋아진다는 뜻이 아니라 주님이 단련하실지라도 나
는 흠잡을 데가 없다는 뜻입니다.

하나님은 욥이 친구들과 논쟁을 아무리 치열하게 펼쳐
도 침묵하십니다. 일부러 숨어 계시는 것만 같습니다. 욥의
믿음을 믿으신다면 슬그머니 다가와 토닥여 주실 만도 한데

미동도 없으십니다. 하나님은 욥의 고난을 해결해 주시기보다 그를 더욱 깊은 진리로 인도해 가십니다. 하나님과 인간의 관계가 어떤 원리에서 맺어지는가를 알라는 것입니다.

우리는 구원이라고 하면 대개 지금 내가 겪고 있는 모든 어려움에서 건져지는 것을 떠올립니다. 그러나 하나님은 구원은 본질적으로 창조 개념에서 비롯된 것이라고 말씀하십니다. 내내 침묵하시던 하나님이 폭풍우 가운데 갑자기 나타나셔서 욥에게 질문을 퍼부으십니다.

> 무지한 말로 생각을 어둡게 하는 자가 누구냐 너는 대장부처럼 허리를 묶고 내가 네게 묻는 것을 대답할지니라 내가 땅의 기초를 놓을 때에 네가 어디 있었느냐 네가 깨달아 알았거든 말할지니라 (욥 38:2-4)

하나님이 땅의 기초를 놓으실 때, 즉 천지를 창조하실 때 "욥, 너는 어디에 있었느냐?"를 시작으로 77개 질문을 쏟아 놓으십니다. 그중에 욥이 대답할 수 있는 질문은 하나도 없었습니다. 물론 오늘날 과학이 많은 부분을 설명해 내고 있습니다만 하나님이 창조 질서의 기초를 놓으셨다는 그 놀라운 선언에 대해서는 지금도 말문이 막힐 수밖에 없습니다.

우리가 "고통스러워서 못 살겠습니다. 죽게 생겼습니다" 하고 부르짖을 때, 하나님이 "내가 해결해 주마" 하고 위로해 주시는 것이 아니라 "나의 창조 질서를 한번 보라"라고 말씀하시는 셈입니다. 발밑에 놓인 문제로 죽을 것만 같은데, 시선을 돌려 온 우주를 바라보라고 하시는 것입니다. 이것이 신앙의 성숙을 위해 반드시 맞아야 할 믿음의 변곡점입니다.

믿음의 목적은 나의 창조 목적을 기억하는 것이다

구원은 지극히 개인적인 사건 같아 보이지만, 지극히 공동체적이고 우주적인 사건입니다. 고난 중에도 눈을 들어 하늘을 바라보고, 별을 세어 봐야 하는 이유입니다. 우리가 고통 중에 하나님께 문제를 해결해 달라고 부르짖을 때, 하나님은 "네가 바다의 샘에 들어갔었느냐 깊은 물 밑으로 걸어 다녀 보았느냐"(욥 38:16), "네가 하늘의 궤도를 아느냐 하늘로 하여금 그 법칙을 땅에 베풀게 하겠느냐"(욥 38:33) 하고 선문답 같은 말씀만 하실 수 있습니다. 그러나 이것은 구원의 뿌리가 창조 질서에 있음을 깨달아 알라고 하시는 말씀임을 기억하십시오. 하나님이 창조 질서에 관한 이야기를 마치시자 욥이 고백합니다.

> 내가 말하겠사오니 주는 들으시고 내가 주께 묻겠사오니 주여 내게 알
> 게 하옵소서 내가 주께 대하여 귀로 듣기만 하였사오나 이제는 눈으로
> 주를 뵈옵나이다 그러므로 내가 스스로 거두어들이고 티끌과 재 가운
> 데에서 회개하나이다 (욥 42:4-6)

욥은 지금껏 "대체 내가 무엇을 잘못했는가?" 하고 항변
했건만 마침내 하나님께 응답받으니 자신이 겪었던 모든 고
난이 일순간에 사라져 버리는 경험을 합니다. 그러고는 창
조주 하나님 앞으로, 곧 회개의 자리로 나아오게 되었습니
다. 이것은 논쟁의 결과가 아닙니다. 하나님의 창조 질서 앞
에서 자연스럽게 회개한 결과입니다.

이제 하나님이 결론을 내려 주십니다.

> 여호와께서 욥에게 이 말씀을 하신 후에 여호와께서 데만 사람 엘리바
> 스에게 이르시되 내가 너와 네 두 친구에게 노하나니 이는 너희가 나
> 를 가리켜 말한 것이 내 종 욥의 말같이 옳지 못함이니라 (욥 42:7)

욥은 하나님께 대들며 설명을 요구했습니다. 하지만 세
친구는 하나님께 단 한마디도 묻지 않았습니다. 그들은 욥
을 정죄하기만 하지 않았습니까? 하나님은 세 친구의 지적
질보다 욥의 항변이 더 낫다고 말씀하십니다. 오히려 그것
을 통해 욥에게 하나님의 하나님 되심을 드러내 보이실 수
있었기 때문입니다. 욥은 창조주 하나님의 권능과 위엄을

경험함으로써 자기 문제의 본질을 한순간에 깨닫습니다.

그러므로 어떤 고난을 만나더라도 그것보다 더 크신 하나님을 바라보기를 바랍니다. 내가 주님을 믿는 까닭보다도 더 크신 창조주 하나님의 존재에 눈뜨기를 바랍니다. 우리가 믿는 이유는 지극히 작은 부분에 불과합니다. 믿음의 목적은 고난 가운데서도 하나님이 창조 질서를 이루어 가시며 섭리하고 계심을 믿음 가운데 발견하는 것입니다.

믿음의 여정을 제대로 밟아 가려면, 믿음이 향해야 하는 궁극의 목적지를 알아야 합니다. 당장 내 문제가 어렵고 힘들지라도, 믿음의 궁극적인 목적은 문제 해결이 아니라 나의 창조 목적을 기억하는 것입니다. 즉 "이 백성은 내가 나를 위하여 지었나니 나를 찬송하게 하려 함이니라"(사 43:21)라고 하신 말씀을 기억하는 것입니다.

사도 바울은 "아무것도 염려하지 말고 다만 모든 일에 기도와 간구로, 너희 구할 것을 감사함으로 하나님께 아뢰라 그리하면 모든 지각에 뛰어난 하나님의 평강이 그리스도 예수 안에서 너희 마음과 생각을 지키시리라"(빌 4:6-7)라고 조언합니다. 고난만 들여다보지 말고, 하나님을 바라보라는 것입니다. 그러면 고난보다 더 큰 샬롬, 하나님의 평강이 우리를 지배하게 될 것입니다.

또 야고보는 "내 형제들아 너희가 여러 가지 시험을 당하거든 온전히 기쁘게 여기라 이는 너희 믿음의 시련이 인내를 만들어 내는 줄 너희가 앎이라 인내를 온전히 이루라 이는 너희로 온전하고 구비하여 조금도 부족함이 없게 하려 함이라"(약 1:2-4)라고 말했습니다. 인내하십시오. 그러면 구원을 넘은 창조의 하나님을 만나게 될 것입니다. 하나님은 창조주요 구원자요 심판자이십니다.

"근본 하나님의 본체시나 하나님과 동등됨을 취할 것으로 여기지 아니하시고 오히려 자기를 비워 종의 형체를 가지사 사람들과 같이 되셨고 사람의 모양으로 나타나사 자기를 낮추시고 죽기까지 복종"(빌 2:6-8)하시어 십자가에서 죽으신 분을 기억하십시오. 주님의 십자가를 바라보고, 그분이 창조하신 세계에 숨어 있는 하나님의 섭리에 눈뜨게 되기를 바랍니다. 그리하여 문제와 고난이 점점 작아져서 어느 날 문득 눈앞에서 홀연히 사라지는 경험을 하게 되기를 바랍니다.

주님은 "너희가 환난을 당하나 담대하라 내가 세상을 이기었노라"(요 16:33)라고 말씀하셨습니다. 세상은 좋아지지 않습니다. 날이 갈수록 세상이 좀 더 나아질 것이라는 말은 진화론의 속임수일 뿐입니다. 세상에서 사는 한 우리는 오늘도 내일도 환난을 만날 것입니다. 그러나 주님의 말씀을 기억하고 부디 승리하십시오.

Q&A

Q "진정한 영성은 고독에서 나온다"는 말이 있습니다.
   고독과 영성은 어떤 관계가 있나요?

참된 고독은 단순히 혼자 있는 것이 아닌 하나님 앞에
대면하여 서는 것을 뜻합니다. 즉 '혼자'가 아닌 '단둘'이 있
는 상태를 의미합니다. 세상에서 우리는 사람을 의식하며
살아가지만, 영성은 하나님만을 바라보는 데서 시작됩니다.
주님 앞에 단독자로 서는 시간이 길면 길수록 우리는 하나
님께 채움을 받고, 세상에 휘둘리지 않게 됩니다.

사람들에게 실망하는 이유는 하나님의 은혜와 사랑을
충분히 누리지 않아서입니다. 고독의 시간 없이 바쁘기만
하면 짜증, 분노, 시기심 같은 부정적 감정이 늘어납니다. 언
제 어디서 누구를 만나느냐에 따라서 오락가락한다는 말입
니다. 이는 내 안의 생명 게이지가 떨어진 신호입니다.

반대로 하나님으로부터 충분히 채워지면, 원수 앞에서
도 웃을 수 있고, 어떤 것을 다른 사람에게 빼앗겨도 억울하
지 않고, 베푸는 데 인색하지 않을 수 있습니다. 즉 언제 어
디서 누구를 만나든 그리스도의 제자답게 평온할 수 있습니
다. 그러므로 신앙인에게 영적인 고독은 필수입니다. 골방

에서 하나님과 홀로 대면하는 시간이 늘수록 세상에서도 자유롭게 흔들림 없이 살 수 있습니다.

그러나 영성 수련원에 가야 영적이고, 회사에 가면 세속적이라는 이분법은 경계해야 합니다. 일터에서의 삶 또한 하나님 앞에 있기 때문입니다. 언제 어디서든 하나님과 동행하는 것이야말로 참된 영성입니다.

Q 저는 자기 정죄가 심한 편입니다. 자기 정죄가 마귀의 역사인 줄은 알지만, 끊기가 힘듭니다. 회개와 자기 정죄를 어떻게 구분할 수 있을까요?

진정한 회개가 없으면, 계속해서 죄책감에 시달리게 됩니다. 그래서 회개가 중요합니다. 회개는 후회가 아니라 죄에서 완전히 돌아서는 것을 말합니다. 마치 상처를 완전히 치료하지 않으면 계속 염증을 일으키듯이 죄를 회개하지 않으면 발목을 잡혀 자유할 수 없게 됩니다. 철저히 회개한 후에는 더 이상 죄책감이나 죄의식에 시달리지 않게 됩니다.

예수님이 음행 중에 잡힌 여인에게 "다시는 죄를 범하지 말라"(요 8:11)라고 말씀하시지 않았습니까? 이후에 그 여인이 또 간음했을까요? 저는 안 했으리라고 믿습니다. 회개는 다시는 죄를 범하지 않는 것, 곧 죄와의 단호한 단절입니다.

또한 성경은 '우리가 그리스도와 함께 죽었다'라고 말합니다(참조. 롬 6:8). 회개는 죄에 대하여 주님과 함께 죽고, 그리스도의 생명으로 다시 사는 것을 말합니다.

사탄은 날마다 우리 과거를 들추며 끊임없이 참소합니다. 그러나 우리는 주님과 함께 이미 죽었기에 더는 과거에 얽매일 필요가 없습니다. 죄책감이 들 때마다 다음 구절을 외워 보십시오.

> 내가 그리스도와 함께 십자가에 못 박혔나니 그런즉 이제는 내가 사는 것이 아니요 오직 내 안에 그리스도께서 사시는 것이라 이제 내가 육체 가운데 사는 것은 나를 사랑하사 나를 위하여 자기 자신을 버리신 하나님의 아들을 믿는 믿음 안에서 사는 것이라 (갈 2:20)

그리고 사탄에게 호통치십시오.
"여기 내 사망 진단서가 안 보이느냐? 너는 왜 자꾸 죽은 사람한테 시비를 거는 것이냐?"

3

예배로 드러나는 믿음

솔로몬이 여호와의 전과 왕궁 건축을 마치고 솔로몬의 심중에 여호와의 전과 자기의 궁궐에 그가 이루고자 한 것을 다 형통하게 이루니라 밤에 여호와께서 솔로몬에게 나타나사 그에게 이르시되 내가 이미 네 기도를 듣고 이곳을 택하여 내게 제사하는 성전을 삼았으니 혹 내가 하늘을 닫고 비를 내리지 아니하거나 혹 메뚜기들에게 토산을 먹게 하거나 혹 전염병이 내 백성 가운데에 유행하게 할 때에 내 이름으로 일컫는 내 백성이 그들의 악한 길에서 떠나 스스로 낮추고 기도하여 내 얼굴을 찾으면 내가 하늘에서 듣고 그들의 죄를 사하고 그들의 땅을 고칠지라 … 그러나 너희가 만일 돌아서서 내가 너희 앞에 둔 내 율례와 명령을 버리고 가서 다른 신들을 섬겨 그들을 경배하면 내가 너희에게 준 땅에서 그 뿌리를 뽑아내고 내 이름을 위하여 거룩하게 한 이 성전을 내 앞에서 버려 모든 민족 중에 속담거리와 이야깃거리가 되게 하리니 이 성전이 비록 높을지라도 그리로 지나가는 자마다 놀라 이르되 여호와께서 무슨 까닭으로 이 땅과 이 성전에 이같이 행하셨는고 하면 대답하기를 그들이 자기 조상들을 애굽 땅에서 인도하여 내신 자기 하나님 여호와를 버리고 다른 신들에게 붙잡혀서 그것들을 경배하여 섬기므로 여호와께서 이 모든 재앙을 그들에게 내리셨다 하리라 하셨더라 | 대하 7:11-22 |

우리는 수년 전에 코로나19 팬데믹을 겪었습니다. 코로나19 바이러스가 2020년 1월부터 전 세계로 확산하기 시작하여 수많은 사망자와 확진자를 낳았습니다. 그러나 그 감염 경로는 아직도 명확히 밝혀지지 않은 상태입니다. 2023년 5월, 세계보건기구가 팬데믹의 종식을 선언하였지만, 지금도 계절마다 변이 바이러스가 등장하니 경계심을 늦출 수가 없습니다.

왜 우리에게 이런 일들이 일어나는지, 하나의 재앙을 이기고 나면 그다음엔 어떤 다른 재앙이 닥칠지 우리는 알지 못합니다. 그러나 하나님은 어떻게 하면 재앙을 멈출 수 있는지를 이미 우리에게 가르쳐 주셨습니다.

문제는 우리가 하나님의 방법을 택하지 않는다는 데 있습니다. 하나님을 의지하기보다는 과학이라는 우상을 섬기며 지식에 의존하느라 그렇습니다. 그러니 우리 삶은 늘 총체적 난국에 처할 수밖에 없습니다. 재앙의 굴레에서 벗어나려면 어떻게 해야 합니까? 믿음으로 지혜를 구해야 합니다. 지혜의 왕, 솔로몬에게서 답을 구해 봅시다.

악한 길에서 떠나는 것이 먼저다

잘 알려진 대로 솔로몬이 여호와의 전과 왕궁을 건축했습니다(대하 7:11). 원래 성전은 아버지 다윗이 짓고 싶어 했습니다. 그런데 하나님이 허락하시지 않았습니다. 왜 허락하시지 않았는지는 다윗이 솔로몬에게 직접 설명해 준 바 있습니다.

> 내 아들아 나는 내 하나님 여호와의 이름을 위하여 성전을 건축할 마음이 있었으나 여호와의 말씀이 내게 임하여 이르시되 너는 피를 심히 많이 흘렸고 크게 전쟁하였느니라 네가 내 앞에서 땅에 피를 많이 흘렸은즉 내 이름을 위하여 성전을 건축하지 못하리라 (대상 22:7-8)

그런데 그전에 하나님이 나단 선지자를 통하여 다윗에게 해 주신 말씀이 있습니다.

> 네가 나를 위하여 내가 살 집을 건축하겠느냐 내가 이스라엘 자손을 애굽에서 인도하여 내던 날부터 오늘까지 집에 살지 아니하고 장막과 성막 안에서 다녔나니 이스라엘 자손과 더불어 다니는 모든 곳에서 내가 내 백성 이스라엘을 먹이라고 명령한 이스라엘 어느 지파들 가운데 하나에게 내가 말하기를 너희가 어찌하여 나를 위하여 백향목 집을 건축하지 아니하였느냐고 말하였느냐 (삼하 7:5-7)

백향목은 당시에 레바논에서 나는 최고급 건축 자재였

습니다. 다윗은 자신은 백향목으로 지은 궁에서 살면서 하나님의 궤가 여전히 장막에 있다는 사실을 안타까워했습니다. 그런데 하나님은 전혀 개의치 않는다고 말씀하시며 오히려 "네 집과 네 나라가 내 앞에서 영원히 보전되고 네 왕위가 영원히 견고하리라"(삼하 7:16)라고 말씀하십니다. 즉 다윗이 하나님의 집을 짓는 것이 아니라 하나님이 다윗의 집을 지어 주신다는 뜻입니다.

우리는 지금도 성전을 '하나님의 집'이라고 합니다. 그래서 성전을 중심으로 신앙생활을 하고자 합니다. 물론 요즘은 성전보다는 예배당이라는 표현을 많이 씁니다만, 문제는 예배당이라고 하는 건물, 곧 공간을 중심으로 신앙생활을 해야 믿음이 좋다고 생각하는 사람들이 여전히 많다는 것입니다. 그들은 예배당에 얼마나 자주 얼굴을 비치느냐 같은 것으로 자기 믿음을 드러내고자 합니다. 나아가 다른 사람들에게도 예배당 출석률로 믿음을 입증하라고 요구합니다.

그러나 생각해 보십시오. 과연 닭이 먼저입니까, 달걀이 먼저입니까? 성경적으로는 의심의 여지 없이 닭이 먼저입니다. 태초에 하나님이 만물을 완성체로 창조하셨기 때문입니다. 또 성선설이 맞습니까, 성악설이 맞습니까? 성경은 성선설을 지지하지 않습니다. 사도 바울은 '기록된 바 의인은 없나니 하나도 없다'고 했습니다(롬 3:10). 죄를 지어서 죄인이 되는 것이 아닙니다. 모태에서부터 죄인으로 태어났기에 죄지을 만한 환경을 만나면 죄를 짓게 되는 것입니다.

그러면 예배는 어떻습니까? 믿음이 있어서 예배를 드리는 것입니까, 예배를 드려서 믿음이 생기는 것입니까? 흔히 예배는 믿음의 표현이라고 말합니다. 예배로 우리 믿음이 드러나기 마련입니다. 그런데 예배를 통해 드러나는 믿음을 강조한 나머지 정작 믿음은 뒤로하고 예배 형식만 요란하다면 보통 문제가 아닙니다. 예배당 건물을 점점 더 크게 짓고, 번드르르하게 치장하고, 절차를 복잡하게 만들어 예배 주관자에게 모든 권한이 집중된다면 누가 예배를 받는 것인지 모호해집니다. 웅장한 성전에서 화려한 예배를 드리는 것이 좋은 믿음의 표현이라고 생각해서는 안 되는 까닭입니다.

솔로몬도 예외는 아니었습니다. 아버지 다윗이 하나님의 집, 곧 성전을 짓고자 한 이유는 하나님께 예배를 잘 드리기 위해서였습니다. 그러나 성전 건축을 허락받지 못하였으므로 아들이 대신 지어 주기를 바라며 건축 자재를 열심히 모아 두지 않았습니까? 솔로몬은 아버지가 쌓아 놓은 자재들로 성전을 짓습니다. 마침내 어마어마하게 화려한 성전을 지었습니다. 지성소를 비롯하여 성소 안의 모든 집기에 금을 입힐 정도였습니다. 그뿐 아니라 놋 제단이 능히 용납할 수 없을 정도로 많은 번제물과 화목제의 기름을 드렸습니다 (대하 7:7).

솔로몬이 "하나님의 전의 낙성식"(대하 7:5)을 7일 동안 치르고 나서, 7일 동안 절기를 지켰습니다. 그날 밤에 여호와께서 그의 꿈에 나타나 말씀하셨습니다.

> 내가 이미 네 기도를 듣고 이곳을 택하여 내게 제사하는 성전을 삼았
> 으니 혹 내가 하늘을 닫고 비를 내리지 아니하거나 혹 메뚜기들에게
> 토산을 먹게 하거나 혹 전염병이 내 백성 가운데에 유행하게 할 때에
> 내 이름으로 일컫는 내 백성이 그들의 악한 길에서 떠나 스스로 낮추
> 고 기도하여 내 얼굴을 찾으면 내가 하늘에서 듣고 그들의 죄를 사하
> 고 그들의 땅을 고칠지라 (대하 7:12-14)

하나님은 솔로몬이 택한 그곳을 기도하는 장소로 허락
하셨습니다. 하나님은 이스라엘 백성이 성전에서 기도하면
그들의 기도를 들으시겠다고 말씀하십니다. 재앙이 닥쳤을
때 악한 길에서 떠나 전심으로 기도하면 그들의 죄를 사하
시고, 그 땅을 고쳐 주시겠다고 약속하십니다. 가뭄이든 홍
수든 메뚜기 재앙이든 전염병이든 어떤 재앙이 닥치든지 악
한 길에서 떠나 스스로 낮추고 기도하면, 즉 예배드리면 고
쳐 주시겠다는 것입니다.

성전에 모일 때 가장 먼저 해야 할 일이 무엇입니까? 악
한 길에서 떠나는 것입니다. 죄인의 길, 곧 악한 길에서 돌이
키는 것을 '회개'라고 하지 않습니까? 예수님이 공생애를 시
작하시면서 처음 전하신 메시지가 바로 "회개하라"(마 4:17)
입니다. 세례 요한의 메시지도 마찬가지였습니다. 악한 길
에서 돌이키는 것이 먼저입니다.

그리고 스스로 낮추어야 합니다. 스스로 낮추라는 것은
겸손하라는 뜻입니다. 교만해져 있는 자신을 내려놓으라

는 것입니다. 그러고 나서 기도하며 하나님의 얼굴을 구해야 합니다. 그래야 하나님이 그 기도를 들으시고, 죄를 사하여 주십니다. 하나님이 용서하시면, 어떤 일이 벌어집니까? 회복이 일어납니다. 그 땅에서 일어났던 재앙들이 반전되는 역사가 일어난다는 뜻입니다.

믿음을 가진 가증한 인생인가

만약 재앙에도 불구하고 회개하지 않고, 교만하며 기도로써 하나님의 얼굴을 찾지 않으면 어떤 일을 겪게 됩니까?

그러나 너희가 만일 돌아서서 내가 너희 앞에 둔 내 율례와 명령을 버리고 가서 다른 신들을 섬겨 그들을 경배하면 내가 너희에게 준 땅에서 그 뿌리를 뽑아내고 내 이름을 위하여 거룩하게 한 이 성전을 내 앞에서 버려 모든 민족 중에 속담거리와 이야깃거리가 되게 하리니 이 성전이 비록 높을지라도 그리로 지나가는 자마다 놀라 이르되 여호와께서 무슨 까닭으로 이 땅과 이 성전에 이같이 행하셨는고 하면 대답하기를 그들이 자기 조상들을 애굽 땅에서 인도하여 내신 자기 하나님 여호와를 버리고 다른 신들에게 붙잡혀서 그것들을 경배하여 섬기므로 여호와께서 이 모든 재앙을 그들에게 내리셨다 하리라 하셨더라

(대하 7:19-22)

하나님의 율례와 명령을 버리고 다른 신을 섬기면, 이스라엘 민족은 하나님이 주신 땅에서 뿌리째 뽑힐 것입니다. 하나님은 하나님의 성전에서 드려진 그들의 제사를 가증히 여기시며 예배를 받지 않으실 것입니다. 그러면 성전은 허물어져 갈 것이고, 뭇사람이 조롱할 것입니다.

코로나19 팬데믹 때 숱한 예배당들이 텅텅 비는 것을 보면서 말씀이 현실로 이루어지는 것을 보는 듯했습니다. 예배당을 그렇게 화려하게 지어 놓으면 뭐 합니까? 예배도 드리지 못하는 예배당이 무슨 의미가 있으며, 무슨 소용이 있다는 말입니까?

인생은 대체 어디서부터 꼬이는 것입니까? 우선순위가 바뀌면서부터입니다. 먼저 해야 할 일을 나중에 하고, 나중에 해야 할 일을 먼저 하면 문제가 생깁니다. 중요한 일은 하찮게 여기고, 사소한 일은 중대하게 여기면 인생이 꼬이는 법입니다.

인생사에서 가장 흔한 문제가 무엇입니까? 바로 돈 문제입니다. 물론 돈이 있어야 삽니다. 그러나 하나님보다 돈이 더 중요해지는 순간부터 인생은 꼬일 대로 꼬이기 시작해서 결국 제힘으로는 풀 수 없는 지경에 이를 수 있습니다.

돈을 벌었는데 자식이 곁을 떠난다든지, 돈은 벌었는데 이혼한다든지, 돈은 벌었는데 친구가 없다든지, 돈은 벌었는데 병에 걸렸다든지 말입니다. 인생의 우선순위가 바뀌면, 가장 중요한 것을 잃어버리는 대가를 치르게 됩니다.

보십시오. 하나님은 우리에게 어떤 재앙이 닥치든 물리칠 방법을 이미 가르쳐 주셨습니다. 그런데 고집 센 우리가 주님 말씀에 순종하며 그대로 삽니까? 그럴 리가 없지요. 알면서도 말을 듣지 않는 것이 죄인의 특기 아닙니까!

하나님은 가증한 믿음의 허망한 인생들을 보시고, 이사야 선지자를 통해 이렇게 말씀하십니다.

> 너희의 무수한 제물이 내게 무엇이 유익하뇨 나는 숫양의 번제와 살진 짐승의 기름에 배불렀고 나는 수송아지나 어린 양이나 숫염소의 피를 기뻐하지 아니하노라 너희가 내 앞에 보이러 오니 이것을 누가 너희에게 요구하였느냐 내 마당만 밟을 뿐이니라 헛된 제물을 다시 가져오지 말라 분향은 내가 가증히 여기는 바요 월삭과 안식일과 대회로 모이는 것도 그러하니 성회와 아울러 악을 행하는 것을 내가 견디지 못하겠노라 (사 1:11-13)

한마디로, 예배드린다고 하면서 동시에 악한 짓을 저지르는 자들의 예배를 어떻게 받겠느냐는 말씀입니다. 삶이 망가지고 삐뚤어졌는데도 바로 세우기는커녕 헛된 제물만 가져오는 짓을 그만하라고 말씀하십니다. 냄새도 맡기 싫고, 꼴도 보기 싫다는 것입니다.

예배당에 앉아만 있으면 예배일까요? 아니지 않습니

까! 그런 이들을 향해 예레미야 선지자가 여호와를 대신하여 이렇게 성토합니다.

> 너희는 이것이 여호와의 성전이라, 여호와의 성전이라, 여호와의 성전이라 하는 거짓말을 믿지 말라 너희가 만일 길과 행위를 참으로 바르게 하여 이웃들 사이에 정의를 행하며 이방인과 고아와 과부를 압제하지 아니하며 무죄한 자의 피를 이곳에서 흘리지 아니하며 다른 신들 뒤를 따라 화를 자초하지 아니하면 내가 너희를 이곳에 살게 하리니 곧 너희 조상에게 영원무궁토록 준 땅에니라 (렘 7:4-7)

예레미야는 "여호와의 성전"을 세 번이나 반복하여 강조하며 거짓말하지 말라고 외칩니다. 하나님이 예배를 받지 않으신다는데, 그곳이 어떻게 성전이 됩니까? 그런데도 그런 거짓 성전이 지금도 계속 생겨나고 있습니다.

어떻게 해야 성전을 성전답게 만들 수 있습니까? 이사야 선지자는 악한 행실을 버리고, 선행을 배우고 정의를 구하며, 학대받는 자와 고아와 과부를 도우라고 말합니다(사 1:16-17). 지금으로 말하면, 소외 계층이나 사회적 약자를 돕는 것이 곧 하나님이 기뻐 받으시는 예배라는 말입니다.

고통스러운 신음 소리가 사방에서 들려오는데 못 들은 체하고 찬송하고 예배를 드리면, 그것이 과연 예배이겠습니까? 어떤 사람들은 그런 모습을 보고 화가 난 나머지 하나님은 없다고 선언하며 무신론자가 되기도 합니다. 하나님을 믿고 싶어도 믿을 수가 없다는 것입니다. 사회의 부조리와 부패를 보니 과연 하나님이 계시는지 모르겠다는 것입니다.

참 답답한 노릇입니다.

말라기는 하나님의 답답함을 이렇게 전합니다.

> 만군의 여호와가 이르노라 너희가 만일 듣지 아니하며 마음에 두지 아니하여 내 이름을 영화롭게 하지 아니하면 내가 너희에게 저주를 내려 너희의 복을 저주하리라 내가 이미 저주하였나니 이는 너희가 그것을 마음에 두지 아니하였음이라 보라 내가 너희의 자손을 꾸짖을 것이요 똥 곧 너희 절기의 희생의 똥을 너희 얼굴에 바를 것이라 너희가 그것과 함께 제하여 버림을 당하리라 (말 2:2-3)

얼마나 화가 나셨으면, 너희 얼굴에 똥칠하겠다고 말씀하시겠습니까? 지극히 수치스럽고 모욕적인 일을 당할 때, '얼굴에 똥칠한다'라고 표현하곤 합니다. 이 시대에는 그런 일이 없습니까? 교회 얼굴에 똥칠하는 사건이 어디 한두 건일까요? 그러면서 '이것이 교회다!'라고 말하지도 말라는 것입니다. 또 그런 말은 믿지도 말라는 것입니다. 주중에는 오만 가지 악한 생각을 품고 행하며 살다가 주일에 예배당에 잠시 앉았다 가면서 "나는 그리스도인이다"라고 말하지 말라는 것입니다.

그러나 분명한 것은 하나님이 지금도 우리를 큰 인내심으로 봐주고 계신다는 것입니다. 그래서 아직은 하나님의 이름을 부를 만한 때입니다. 아직은 구원의 시간이 남아 있음을 믿기에 희망을 품습니다.

하나님을 의식하며 사는 순간들이 예배가 된다

예수님은 우물가에서 사마리아 여인을 만났을 때 비로소 예배에 관해 말씀해 주셨습니다. 다섯 남자와 결혼했으나 죄다 파경을 맞았고, 여섯 번째 남자와는 결혼도 안 한 채 살고 있던 여인은 사람들의 낯을 피해서 혼자 조용히 우물가에 나왔다가 예수님을 만났습니다.

당시 사마리아 여인의 깊은 내면의 고민은 유대인들이 그리심 산당에서 드리는 사마리아인들의 예배는 가짜요 예루살렘 성전에서 드리는 유대인들의 예배만이 진짜라고 주장하는데, 과연 참된 예배란 무엇인가 하는 것이었습니다. 이때 예수님은 예배는 장소의 문제가 아니라고 말씀하십니다. 어디서 드리건 "영과 진리로"(요 4:23) 드리는 예배가 참된 예배라는 말씀입니다. 이것이 예배의 본질입니다.

그러므로 예수님을 모르면 참된 예배를 드릴 수가 없습니다. 그분이 우리 안에 오셔서 우리로 하여금 진리 안에 거하게 하시지 않으면, 우리는 예배자가 될 수 없습니다. 영과 진리로 예배할 때, 우리는 통전적으로 인격적인 삶을 살게 되며, 삶이 곧 예배가 됩니다. 예배란 주님 안에 있는 우리의 온전한 삶의 태도를 말합니다. 예배를 드렸다고는 하지만, 하나님의 뜻이나 하나님 나라와 상관없이 산다면 예배당에 앉아 있었을 뿐 예배를 드린 것이 아닙니다.

우리 삶은 반드시 예배에 반응하게 되어 있습니다. 예배를 통해 주님의 사랑과 은혜와 구원을 얻지 못했다면, 성령이 내 안에 거하시는 놀라운 삶의 변화가 없다면, 우리는 가증한 위선자에 지나지 않습니다.

복 있는 사람은 "오직 여호와의 율법을 즐거워하여 그의 율법을 주야로 묵상"(시 1:2)하는 자라고 하지 않았습니까? 주일에 참된 예배를 드리려면, 주중에 하나님을 끊임없이 묵상해야 합니다. 하루 종일 하나님을 묵상하면 세상일을 잘 못하게 될까요? 아닙니다. 놀랍게도 무슨 일을 하건 더욱 집중할 수 있게 될 것입니다.

정말로 좋은 예배자가 되기를 바랍니다. 예배를 통해서 믿음이 드러나기 때문입니다. 하나님을 의식하고 살아가는 순간들이 점점 늘어나 예배자의 삶이 됩니다. 세상에서 내내 예배자의 삶을 살다가 주님 앞에 앉을 때, 비로소 참된 예배를 드릴 수 있게 됨을 기억하십시오.

우리가 드리는 예배의 시작은 준비 찬송이 아닙니다. 주차장에서 양보할 때, 남들에게 피해를 주지 않으려고 조심할 때, 어려운 처지에 놓인 사람들의 손을 한번 잡아 줄 때, 그때 이미 예배가 시작된 것입니다.

온갖 문제로 힘들어하는 사람의 등을 한번 토닥여 주고, 슬픔에 잠긴 사람에게 위로의 말을 건네는 것이 일상인 사람은 예배 시간에 비록 찬양을 잘 부르지 못하고 눈물만 흘려도 하나님이 그의 예배를 기쁘게 받으실 것입니다. 그러나 찬송가를 아무리 멋들어지게 불러도, 봉사 활동을 아무리 열심히 해도 평소에 남을 속이고 괴롭히고 행패를 부리는 사람의 예배는 하나님이 절대로 받지 않으실 것입니다.

믿음이 어디 있습니까? 하나님 앞에 겸비하여 자기 자리를 떠나지 않는 것입니다. 창조주 하나님을 알고, 자신이 피조물임을 아는 것이 믿음입니다. 재물이 우리 것입니까? 시간이 우리 것입니까? 과연 세상에 '내 것'이 있습니까? 우리는 그분의 청지기에 불과합니다. 청지기는 주인의 소유를 어느 것도 소홀하게 대하지 않습니다. 이것이 예배자의 삶입니다.

우리는 사랑하는 사람의 눈만 봐도 속을 다 압니다. 숨소리만 들어도 그가 거짓을 말하는지 진실을 말하는지 압니다. 인간끼리도 이처럼 속내를 알아차리는데, 하물며 하나님이 모르시겠습니까? 자기 삶이 하나님 앞에 놓여 있음을 잊지 말고, 모든 순간을 진실되게 살아가기를 바랍니다.

Q&A

Q 교파나 교회마다 예배 형식이 다른 곳이 많다 보니 출
　장 때 임시로 지역 교회를 가면 익숙하지 않은 형식에
　우왕좌왕하게 됩니다. 괜히 다른 성도의 예배를 방해
　하는 것만 같은데, 차라리 안 가는 게 낫지 않을까요?

교단마다 예배 형식이 다르고, 낯선 예배가 불편한 분들
도 있을 수 있습니다. 그러나 불편함이 예배의 걸림돌이 되
어서는 안 됩니다. 예배는 형식보다 본질이 중요하기 때문
입니다. 하나님께 예배드리겠다는 마음이 중요하지, 형식에
집착하다 보면 본질을 놓치기 쉽습니다.

　그리고 아무리 둘러보아도 교회가 없는 곳으로 출장을
갈 수도 있습니다. 어떻게 예배를 드리시겠습니까? 영과 진
리로 예배드리면 됩니다. 성경과 성령이면 충분합니다. 홀
로 숙소에 앉아 찬양하고 말씀 읽고 기도하는 예배를 주님
께서 얼마나 기쁘게 받으실까요?

Q 믿지 않는 사람과 결혼하는데, 결혼식의 예배 형식 때문에 가족 간에 갈등이 있습니다. 어떻게 하면 좋을까요?

원칙은 간단합니다. 믿지 않는 사람의 입장을 먼저 존중해 주십시오. 예배 형식이야 어느 정도 간소화해도 충분히 드릴 수 있지 않겠습니까? 결혼식은 하나님께 드리는 예배이자 사랑하는 사람과 가족을 초대하는 '잔치'이기도 합니다. 아름다운 잔치에 초대된 사람들을 불편하게 할 필요가 없지요.

예수님이 베푸신 첫 번째 기적이 혼인 잔치에서 포도주가 떨어지자 물로 포도주를 만드신 일임을 기억하십시오. 주님은 잔치의 흥이 깨지는 걸 원하지 않으셨습니다. 그러므로 중요한 건 하나님을 기쁘시게 하고, 결혼을 축하하기 위해 모인 하객 모두가 기뻐하는 결혼식이 되어야 한다는 것입니다.

저는 주일 예배도 중요하지만, 결혼식이나 장례식도 아주 중요하다고 생각합니다. 주일 예배는 믿는 사람들이 모이지만, 결혼식이나 장례식에는 복음을 한 번도 들어 보지 못한 사람들도 참석하기 때문입니다. 복음이 정확히 전달되기만 한다면, 누구나 감동하기 마련입니다. 그러므로 굳이 목사가 아니어도 정말로 복음을 잘 전할 수 있는 믿음의 어른이나 선배를 주례자로 모셔도 좋지 않겠습니까? 하나님을 기

쁘시게 하는 예배가 될 수만 있다면, 형식은 자유롭게 결정
해도 좋지 않을까 생각합니다.

4

역사가 되는 믿음 사건

모세가 그의 장인 미디안 제사장 이드로의 양 떼를 치더니 그 떼를 광야 서쪽으로 인도하여 하나님의 산 호렙에 이르매 여호와의 사자가 떨기나무 가운데로부터 나오는 불꽃 안에서 그에게 나타나시니라 그가 보니 떨기나무에 불이 붙었으나 그 떨기나무가 사라지지 아니하는지라 이에 모세가 이르되 내가 돌이켜 가서 이 큰 광경을 보리라 떨기나무가 어찌하여 타지 아니하는고 하니 그때에 여호와께서 그가 보려고 돌이켜 오는 것을 보신지라 하나님이 떨기나무 가운데서 그를 불러 이르시되 모세야 모세야 하시매 그가 이르되 내가 여기 있나이다 하나님이 이르시되 이리로 가까이 오지 말라 네가 선 곳은 거룩한 땅이니 네 발에서 신을 벗으라 | 출 3:1-5 |

역사란 무엇입니까? 각자의 삶이 서로 얽히고 엮이며 만들어지는 이야기입니다. 그런데 믿음의 사람들은 역사를 인간의 이야기로만 보지 않습니다. 인간과 인간의 만남, 그 교제의 삶이 얽히고설키며 이야기를 만드는 가운데 하나님의 개입하심이 있음을 알기 때문입니다. 하나님을 모르는 사람들, 하나님을 부인하는 사람들이야 역사를 그들의 이야기로만 읽어 내려가지만, 우리는 역사(history)를 '그분'(His)의 이야기(Story)로 읽습니다.

하나님이 우리를 찾아오시고, 우리 삶에 간섭하심으로써 역사는 단지 인간의 이야기로만 끝나지 않고, 광대하신 하나님 이야기의 일부가 됩니다. 일견 하찮아 보이던 이야기도 하나님이 개입하시면 전혀 뜻밖의 이야기로 탈바꿈합니다. 이것이 우리가 성경에서 발견하는 '역사'입니다.

집단의 역사만 그런 것이 아닙니다. 내 삶도 하나님 이야기의 일부가 됩니다. 하나님과 만난 경험은 저마다 다를 것입니다. 하나님은 놀랄 만큼 정확하게 각자의 형편과 처지에 맞춰서 한 사람을 찾아오시고, 부르시기 때문입니다. 그리고 그를 통해 하나님 당신의 이야기를 써 내려 가십니다.

믿는 사람이라면, 인생 가운데 거룩한 하나님 아버지의 음성을 듣는 순간이 반드시 있기 마련입니다. 그때, 하나님이 계신 바로 그곳이 거룩한 곳이며 곧 신을 벗어야 하는 자리임을 깨닫습니다. 바로 그것을 경험했던 한 사람, 모세에 관한 이야기를 나눠 보고자 합니다.

믿음 사건을 통해 하나님 역사의 일부가 된다

모세가 누구입니까? 바로의 딸이 나일강 가를 거닐 때 갈대 사이의 상자를 발견하여 건진 히브리 아이입니다. '물에서 건져 낸 아이'라는 뜻의 모세는 바로의 왕궁에서 자랐지만, 그의 핏속에는 '하나님의 백성'이라는 DNA가 새겨져 있었습니다. 결국, 그는 살인이라는 모양새가 좋지 않은 일로 왕궁을 떠날 수밖에 없게 됩니다. 왕궁의 안락한 삶과 결별하도록 내몰린 것입니다.

이 사건이 곧 인생의 새로운 여정이 시작되는 계기가 될 줄을 모세가 어떻게 알았겠습니까? 그 자신이 하나님의 원대한 계획의 일부가 되리라는 걸 어떻게 알았겠습니까? 하나님의 뜻을 좇아 애굽 사람을 죽인 것도 아니고, 하나님의 인도하심을 받아 왕궁에서 달아난 것도 아닙니다. 그저 죽기 싫어서 홀로 광야로 달아났을 뿐입니다. 그곳에서 이드로의 딸 십보라를 만나 결혼하여 아무 희망도 없이, 소망이 끊어진 채 죽은 듯이 40년 세월을 보냈습니다. 그 시간 동안 모세는 왕궁의 사람에서 광야의 사람으로 철저하게 바뀌었습니다.

모세 자신은 아무런 희망도 없이 기댈 곳 없는 삶을 살았다고 생각했을지 모릅니다. 그러나 사실 그 시간은 이스라엘 백성을 애굽에서부터 광야를 거쳐서 가나안 땅으로 인도하는 미션을 위해 꿈을 품는 시간, 그 꿈을 마음속에서 다듬어 가야 하는 시간이었습니다. 한낱 사사로운 인생이 믿음의 사건을 통해 하나님 역사의 일부가 되어 가는 시간입니다.

하나님을 만나면 그 사람의 삶은 더 이상 개인 영역에 머물지 않고, 하나님의 거대한 이야기에 편입됩니다. 이전에는 생각도 못 한 다른 차원의 삶을 살게 됩니다. 이 모두는 한 사람을 찾아오시는 사건을 통해 시작됩니다. 아브라함을 찾아오셔서 그에게 새로운 땅으로 가라고 명하신 하나님이 아브라함을 통해서 구원 역사의 도입부를 쓰셨다면, 모세를 통해서는 한 민족이 믿음의 발걸음을 떼고, 약속의 땅으로 들어가는 이야기를 쓰십니다. 그 중차대한 일을 맡길 적임자로 모세를 선택하셨습니다.

이스라엘로 믿음의 민족을 이루게 하시는 데 걸린 준비 기간이 무려 80년입니다. 모세로 하여금 왕궁에서 40년, 광야에서 40년을 보내게 하셨습니다. 때가 이르자 아들 둘을 낳고, 장인 이드로의 몇 안 되는 양을 치며 지극히 평범하게 살던 모세에게 하나님이 친히 찾아오십니다.

그 만남은 너무나 독특해서 어떻게 이런 만남이 가능할까 싶습니다. 모세가 나무에 불이 붙었으나 타서 사그라지지 않는 기이한 현상을 보고 호기심에 다가가자 하나님이 음성을 들려주십니다. 떨기나무는 대단할 것 없는, 오히려 볼품없는 조그마한 나무입니다. 그런데 하나님의 임재로 역사적인 나무가 되었습니다.

　하나님을 만나는 사건은 곧 하나님의 음성을 듣는 사건 입니다. 하나님의 음성을 듣지 않은 역사의 시작은 없습니다. 하나님의 음성에서 비롯되지 않은 첫걸음은 없습니다. 설교를 통해서건 성경을 통해서건 아니면 누군가와의 상담 을 통해서건 심지어 불신자를 통해서라도 머릿속에 천둥이 치고, 인생 전체가 흔들릴 만큼 충격적인 음성을 듣게 됩니 다. 그것이 나에게 들려주시는 하나님의 음성인지를 확인하 지 않으면, 어떻게 인도하심을 받겠습니까? 눈에 보이는 것 은 세상과 인간밖에 없는데, 어떻게 하나님을 따라갑니까? 하나님은 어떤 형태로건 말씀하십니다. 그리하여 그 말씀을 좋아가게 하십니다. 믿음이란 하나님이 말씀하셔야 시작되 는 것입니다.

믿음 사건을 통해 소명을 발견한다

모세가 하나님을 만났을 때, 첫 번째로 들은 명령은 "이리로 가까이 오지 말라 네가 선 곳은 거룩한 땅이니 네 발에서 신을 벗으라"(출 3:5)였습니다. 하나님은 거룩하신 분입니다. 하나님은 "내가 거룩하니 너희도 거룩하라"고 명령하시는 분입니다. 하나님 앞에 머무르는 자리, 하나님과 대면해야 하는 그 자리 역시 거룩한 자리이므로 내 신을 벗어야 합니다.

고대 히브리인들에게 신발은 자신의 정체성이며 존재 자체나 마찬가지였습니다. 하찮아 보이는 신발에 왜 그런 엄청난 의미를 부여합니까? 신발이 우리 몸 전체를 지탱하고 있기 때문입니다. 우리는 자신의 전 존재를 신발에 얹은 채로 돌아다닙니다. 신은 삶의 무게를 함께 견디는 동반자요 삶의 현주소를 나타내는 좌표인 셈입니다.

그러므로 주님 앞에서 신을 벗는다는 것은 자신의 전 존재를 내려놓는다는 뜻입니다. 하나님 앞에 자신을 내세우지 않고, 벌거벗은 채로 모든 권리를 포기하는 것이요 자기 존재를 부인하는 것입니다. 한마디로 하나님과의 만남은 나라는 존재가 부인되는 사건인 것입니다.

무속을 포함한 세속의 모든 종교는 우리의 욕망과 꿈을 먹이로 삼습니다. 우리의 소원을 이루어 주기 위해 존재한다는 신은 그 수가 800만이든 1억이든 하나같이 우상에 지나지 않습니다. 인간의 꿈을 실현시켜 주는 신들은 우상의 다른 이름입니다.

하나님은 우리의 꿈을 이루어 주기 위해 존재하시는 분이 아닙니다. 하나님 당신의 꿈을 이루시기 위해 우리를 찾아오시는 분이요, 말씀으로 오셔서 우리 안에 거하는 생명이 되기를 원하시는 분입니다. 우리가 말씀대로 살아가기를 원하시고, 말씀대로 사는 삶을 통해 하나님의 형상과 하나님 나라가 이 땅 가운데 모습을 드러내기를 원하십니다.

하나님이 모세를 찾아오신 이유는 그의 꿈을 이루어 주기 위해서가 아니라 그를 '주의 종'으로 삼아 '주의 뜻'을 이루시기 위함입니다. 모세는 그가 평생 꿈꿔 왔던 것들이 좌절된 후에야 하나님 앞에서 신을 벗을 만한 분별력을 갖추게 되었습니다. 그의 나이 사십에는 뭐든지 할 수 있다고 여길 만큼 혈기가 왕성했지만, 팔십이 되고 나니 이제는 아무것도 할 수 없음을 인정할 만큼 겸손해졌습니다. 주님이 쓰시려면 말이라도 잘해야 할 텐데, 모세는 자신이 입이 둔한 자라고 고백합니다.

그러나 하나님이 능력이 없으셔서 인간을 필요로 하십니까? 아닙니다. 하나님이 원하시는 것은 능력이 아니라 순종입니다. 제힘으로 할 수 있다고 으스대는 사람이 하나님 나라에 걸림돌이 되고, 하나님 나라를 어지럽힙니다. 자신은 아무것도 할 수 없다고 고백하는 사람이 어떻게 하나님 나라를 욕되게 할 수 있겠습니까?

모세는 고작 하나님 앞에서 신을 벗는 일만 할 수 있었습니다. 두 손 두 발을 다 들고 하나님 앞에 항복하는 것, 전 존재를 내려놓고 자신은 아무것도 아님을 인정하는 것이면 족합니다. 나머지는 하나님이 알아서 해 주신다고 말씀하십니다. 입이 필요하면 입을 붙여 주실 것이요, 능력이 필요하면 지팡이를 주실 것입니다.

사실, 모세가 무슨 능력이 있어서 이스라엘 백성을 데리고 애굽을 탈출하겠습니까? 현존하시는 하나님의 음성을 들었기에 모세는 사명의 길을 끝까지 갈 수 있었습니다. 마치 예수님이 세례 요한의 세례를 받고 물에서 올라올 때 하나님의 음성을 들으심으로써 공생애를 시작하시고, 십자가에까지 달려 돌아가실 수 있었던 것과 마찬가지입니다.

모세가 하나님의 이름을 묻습니다. 고대 사회에서는 이름이 곧 그 자신이었습니다. 그러므로 이름을 묻는다는 것은 그 존재의 본질을 알고자 함입니다. 놀랍게도 하나님이 "나는 스스로 있는 자이니라"(출 3:14)라고 대답해 주십니다. 사실, "스스로 있는 자"(I AM WHO I AM, NIV)라는 대답은 이름을 가르쳐 주시지 않겠다는 뜻입니다. 하나님은 이름에 갇히시는 분이 아닙니다. 하나님은 무엇으로도 제한받지 않는 분입니다.

이것이 하나님과 인간의 극복할 수 없는 차이점입니다. 이 세상에 스스로 있는 자는 아무도 없습니다. 무엇이나, 누구나 존재 이유가 있고, 그 근원이 있기 마련입니다. 인간 존재의 근원은 무에서 유를 창조하신 하나님께 있습니다. 하나님은 모든 존재의 출발점이요 무한의 존재입니다. 하나님을 알아야 하나님과의 관계를 정립할 수 있습니다.

하나님은 자신을 소개하심으로써 모세를 믿음의 사람으로 빚으시는 첫걸음을 떼십니다. 모세가 하나님의 임재를 경험하게 하셨습니다. 인간으로서는 도저히 해결 불가능한 일들을 하나님이 어떻게 풀어 가시는지를 목격하고 증언하도록 모세를 준비시키셨습니다. 그래서 모세와 이스라엘 백성은 출애굽이라는 전대미문의 사건을 경험합니다.

하나님은 먼저 애굽에 내리신 열 가지 재앙을 통해 애굽의 추앙받는 신들이 우상에 불과함을 깨닫게 하셨습니다. 그리고 앞에는 홍해가 가로놓여 있고, 뒤에는 애굽 군대가 추격해 오는 상황에서 놀라운 일을 하셨습니다. 모세에게 지팡이를 들어 바다 위로 손을 내밀라 하시고, "동풍이 밤새도록 바닷물을 물러가게 하시니 물이 갈라져 바다가 마른 땅이"(출 14:21) 되게 하셨습니다. 이런 사건들이 없었다면, 이스라엘 민족이 과연 4천 년간이나 믿음을 지켜 올 수 있었겠습니까?

모세는 믿음 사건을 통해 하나님이 그에게 주신 소명을 확인했고, 하나님의 능력을 경험했습니다. 그럼으로써 하나님을 전적으로 의지하며 살아가는 믿음의 사람으로 성장할 수 있었습니다. 광야에서 이스라엘 백성이 금송아지를 만들었을 때, 모세가 하나님께 청한 것이 무엇입니까?

> 이제 그들의 죄를 사하시옵소서 그렇지 아니하시오면 원하건대 주께
> 서 기록하신 책에서 내 이름을 지워 버려 주옵소서 (출 32:32)

어느덧 모세는 생명책에서 자기 이름을 지우는 한이 있
더라도 백성들만은 살려 달라고 중보할 줄 아는 사람이 되
었습니다. 믿음 사건을 경험한 사람은 더는 사사로운 기도
에 매이지 않고, 누군가의 구원을 위해 기도하게 됩니다.

또 누군가와 경쟁하거나 시기하지 않게 됩니다. 여호와
의 명으로 장막에 불러 모은 70인의 장로들이 예언을 할 때
도 그랬습니다. 그곳에 가지 않았던 엘닷과 메닷 두 사람이
진영에 머물러 있었는데도 예언을 하게 됩니다. 눈의 아들
여호수아가 그들을 말려야 한다고 하자, 모세가 무엇이라
말합니까?

> 네가 나를 두고 시기하느냐 여호와께서 그의 영을 그의 모든 백성에게
> 주사 다 선지자가 되게 하시기를 원하노라 (민 11:29)

믿음이 이처럼 사람을 바꿔 놓습니다. 누구와도 경쟁할
필요가 없는 사람이 되게 합니다. 이것이 믿음 사건을 경험
한 사람의 특징입니다. 하나님이 우리로 하여금 믿음 사건
을 경험케 하시는 이유는 믿음의 사람을 통해서 구원의 역
사를 이루어 가시기 위함입니다.

그렇게 믿음의 사람으로 성장했던 모세도 불순종으로 말미암아 끝내 가나안땅에는 들어가지 못했습니다. "구하옵나니 나를 건너가게 하사 요단 저쪽에 있는 아름다운 땅, 아름다운 산과 레바논을 보게 하옵소서"(신 3:25) 라고 간구하였으나 하나님은 "너는 비스가 산 꼭대기에 올라가서 눈을 들어 동서남북을 바라고 네 눈으로 그 땅을 바라보라 너는 이 요단을 건너지 못할 것"(신 3:27)이라고 말씀하셨습니다. 광야에서 40년간 이스라엘 백성을 이끌었던 모세가 아닙니까? 아무리 하나님의 말씀이지만 과연 쉽게 순종할 수 있었을까요? 우리 같았으면 40일 금식 기도라도 드렸을 것입니다. 그러나 모세는 두 번 다시 구하지 않았습니다.

결국, 모세는 여호와의 말씀대로 모압 땅에서 죽어 장사되었는데, 그에 관한 사후 평가가 눈여겨볼 만합니다.

그 후에는 이스라엘에 모세와 같은 선지자가 일어나지 못하였나니 모세는 여호와께서 대면하여 아시던 자요 여호와께서 그를 애굽 땅에 보내사 바로와 그의 모든 신하와 그의 온 땅에 모든 이적과 기사와 모든 큰 권능과 위엄을 행하게 하시매 온 이스라엘의 목전에서 그것을 행한 자이더라 (신 34:10-12)

장차 이스라엘에 "모세와 같은 선지자", 아니 모세보다 더 큰 선지자가 오실 터이니 바로 예수 그리스도입니다. 예수님의 구원 사역의 목적은 우리를 세상에서 건져 내는 것이고, 십자가 사건은 믿음 사건의 클라이맥스가 됩니다.

우리가 주일마다 모여서 예배드리는 이유가 무엇입니까? 무엇 때문에 성경을 읽습니까? 무엇 때문에 신앙생활을 합니까? 좀 더 잘살고, 좀 더 출세하기 위해서입니까? 아닙니다. 믿음 사건을 통해서 이 땅에 구원의 역사가 중단되지 않고 계속해서 일어나도록 하는 놀라운 섭리를 위해서 부름받은 것입니다. 우리는 성령의 열매를 주렁주렁 맺는 존재입니다. 우리가 가는 곳마다 화평케 하는 사건이 일어납니다.

그리스도인들의 가장 큰 슬픔은 세상 사람들처럼 사는 내내 소탐대실하다가 죽는 것입니다. 하나님의 뜻 외에는 어떤 것도 중요하지 않음을 아는 사람은 자기 목숨도 아까워하지 않는 삶을 살아갑니다. 믿음의 이유와 목적을 발견한 사람은 자기 뜻이 아닌 하나님의 뜻을 위해서 죽는 것만큼 영광스러운 일이 없음을 날마다 선포합니다.

하나님은 우리를 믿음의 사람으로 빚어 가시기 위해 필요할 때마다 고난을 허락하시고, 믿음 사건을 베풀어 주실 것입니다. 그런 은혜를 경험하기를 축복합니다. 주님이 허락하신 믿음 사건으로 우리가 성숙해졌다면, 그다음 우리가 구할 것은 성령 충만이요, 복음이 우리를 통해 사람들에게 전해지는 것입니다. 때를 얻든지 못 얻든지 담대한 믿음의 사람이 되어 누군가에게 믿음과 생명을 전하게 되기를 바랍니다.

Q&A

Q 모세는 불붙은 떨기나무 앞에서 벗었던 신을 다시 신
  고 갔을까요?

저는 모세가 벗었던 신을 다시 신고 갔으리라고 믿습니
다. 당시 신발은 매우 귀한 물건이었던 데다가 모세는 삶의
자리로 다시 돌아가야 했기 때문입니다. 거룩한 땅에서 신
을 벗었다가 다시 신는 것은 '복음의 신을 신고 세상으로 돌
아가라'는 하나님의 부르심에 순종함을 의미합니다. 신앙
인의 삶은 변화산에 머무는 데 있지 않고, 세상으로 내려가
는 데 있습니다. 우리는 변화산에 오래 있지 못합니다. 하나
님을 처음 만난 자리가 얼마나 소중하겠습니까? 그러나 우
리는 복음의 신발을 신고 주님의 보내심에 순종하여 그곳을
떠나야 합니다.

주 안에서 새사람으로 거듭나면 신발도 새것으로 신고
싶지 않겠습니까? 환경이 변하고, 누더기 같던 삶의 자취들
이 싹 다 바뀌길 원하겠지요. 그런데 모세가 신었던 신을 다
시 신었으리라고 생각하니 역설적이긴 하지만, 참으로 현실
적이라는 생각이 듭니다. 우리 삶이 그렇지 않습니까?

Q 20대 초반의 대학생입니다. 하나님이 명확한 사명을
　　주시기 전까지 어떻게 준비하며 지내야 할까요?

　고민하지 마십시오. 20-30대는 열정을 키우는 시기입
니다. 무슨 일이든 전심전력으로 해 보십시오.
　프로 골퍼는 공을 옳은 방향으로 멀리 칠 줄 알아야 합
니다. 20-30대는 공을 멀리 보내야 하는 때입니다. 열정이
뜨거워야 할 때라는 뜻입니다. 하나님은 열정을 통해 사람
을 빚으십니다. 모세를 보십시오. 사람을 죽일 정도로 열정
이 컸던 모세를 하나님이 그 열정의 방향을 바꾸신 뒤에 쓰
시지 않았습니까? 열정의 방향은 하나님이 조절하실 테니
내가 지금 해야 할 일은 비거리부터 늘리는 것입니다.
　불이 붙었으나 타지 않은 떨기나무를 기억하십시오 (출
3:2-3). '꺼지지 않는 불'은 하나님의 열정입니다. 그 불을 받
으면 죽는 날까지 꺼지지 않습니다. 열정이 있어야 고난에
뛰어들 용기가 생기고, 고난을 이길 힘도, 고난을 짊어질 기
회도 생긴다는 것을 기억하십시오. 부디 정직한 열정으로
일에 매달려 보십시오. 거기서부터 하나님의 역사가 시작될
것입니다.

하나님을 만나면
그 사람의 삶은 더 이상 개인 영역에 머물지 않고,
하나님의 거대한 이야기에 편입됩니다.
이전에는 생각도 못 한
다른 차원의 삶을 살게 됩니다.

5

믿음으로 세우는 나라

다윗이 블레셋 사람에게 이르되 너는 칼과 창과 단창으로 내
게 나아 오거니와 나는 만군의 여호와의 이름 곧 네가 모욕하
는 이스라엘 군대의 하나님의 이름으로 네게 나아가노라 오
늘 여호와께서 너를 내 손에 넘기시리니 내가 너를 쳐서 네 목
을 베고 블레셋 군대의 시체를 오늘 공중의 새와 땅의 들짐승
에게 주어 온 땅으로 이스라엘에 하나님이 계신 줄 알게 하겠
고 또 여호와의 구원하심이 칼과 창에 있지 아니함을 이 무리
에게 알게 하리라 전쟁은 여호와께 속한 것인즉 그가 너희를
우리 손에 넘기시리라 블레셋 사람이 일어나 다윗에게로 마
주 가까이 올 때에 다윗이 블레셋 사람을 향하여 빨리 달리며
손을 주머니에 넣어 돌을 가지고 물매로 던져 블레셋 사람의
이마를 치매 돌이 그의 이마에 박히니 땅에 엎드러지니라 다
윗이 이같이 물매와 돌로 블레셋 사람을 이기고 그를 쳐 죽였
으나 자기 손에는 칼이 없었더라 다윗이 달려가서 블레셋 사
람을 밟고 그의 칼을 그 칼집에서 빼내어 그 칼로 그를 죽이고
그의 머리를 베니 블레셋 사람들이 자기 용사의 죽음을 보고
도망하는지라 | 삼상 17:45-51 |

우리는 과학이 믿음을 대체한 시대를 살고 있습니다. 그래서 '믿음' 하면 어떤 확신을 말하거나 대단히 비이성적이고 비상식적인 삶의 태도나 사고 체계를 지칭하는 것처럼 오해하곤 합니다. 그러나 우리는 믿음과 과학이 양립한다는 것을 반드시 알아야 합니다. 미국의 설문 조사 전문 기관인 퓨(PEW) 포럼에서 미국과학진흥협회(AAAS) 회원들을 대상으로 한 조사에서 신의 존재를 인정하는지 그 여부를 물었습니다. 이 조사에 응한 과학자들의 절반가량인 51퍼센트가 믿음을 가졌다는 것을 확인할 수 있었습니다. 객관적 사실을 추구하고, 증거가 뒷받침되어야 믿는 과학자들도 신과 같은 초월적 존재를 인정한다는 것입니다.

왜 그럴까요? 과학의 전제 자체가 믿음이기 때문입니다. 창조론이 믿음이라면, 진화론도 믿음이라는 것을 우리는 알고 있습니다. 누구도 검증하지 못한 사실을 믿고 있기 때문입니다. 믿음이라는 이름으로 과학적 명제를 세우고, 그것을 데이터로 증명해 나가는 과정을 과학적 프로세스라고 말하지만, 늘 객관적인 사실로 입증할 수는 없다는 뜻입니다. 원숭이 꼬리가 점점 짧아져서 인간이 되었다는 진화론적 증거는 없습니다. 한 종 안에서의 진화는 설득력이 있지만, 한 종에서 다른 종으로의 진화는 불가능합니다. 따라서 과학은 우리 믿음을 증명하는 보조적 수단으로 다룰 필요가 있습니다.

한 사람의 믿음으로 하나님 나라를 세운다

믿음이란 보이지 않는 세계를 인정하는 것입니다. 아니, 보이지 않는 세계가 보이는 세계보다 더 크다는 것을 인정하는 태도를 말합니다. 어릴 때는 눈에 보이는 것만 현실로 인식합니다. 그러나 성인이 되면 눈에 보이지 않는 객관적 상황들을 삶의 조건으로 받아들이기 시작합니다. 어린 시절엔 시야가 좁고, 어리석은 기준을 가지고 있었음을 깨닫기 때문입니다.

과학 실험 도구인 현미경과 망원경은 믿음을 보조하는 수단입니다. 우리는 현미경이라는 도구 덕분에 맨눈으로는 볼 수 없는 미시 세계를 들여다보게 되었습니다. 특별히 전자 현미경으로 원자를 들여다보고 전자를 규명하는 등 엄청난 일들을 해내기도 했습니다. 동시에 망원경이라는 도구 덕분에 태양계 너머의 세계, 우리 은하계 너머 광대한 우주를 바라보게 되었지요. 우리는 현미경이나 망원경으로 관찰을 하고 연구를 한 덕분에 보이지 않는 세계가 훨씬 더 신비롭고 광대하다는 것을 알게 되었습니다. 눈에 보이는 세계는 아주 작고 좁을 뿐이며 그 너머 눈에 보이지 않는 무한한 세계가 있다는 것을, 그리고 우리가 본다고 하나 정작 제대로 보는 것은 별로 없다는 것을 알게 되었습니다.

그러므로 우리는 믿음으로 하나님의 존재를 인정하고,

그 믿음이라는 놀라운 능력을 통해 눈으로는 한 번도 본 적이 없는 하나님을 마치 육신의 아버지처럼 부르고 교제할 수 있습니다.

하나님 나라가 무엇입니까? 믿는 사람들에게조차 하나님 나라는 여전히 막연합니다. 교회에 다니는 사람들은 교회가 곧 하나님 나라라고 생각하지만, 이는 매우 좁은 생각입니다. 분명 교회는 하나님 나라이지만, 광대한 나라의 지극히 작은 부분에 지나지 않습니다. 오히려 교회는 하나님 나라를 증명하고 확장하며, 더욱 뚜렷하게 드러내는 선한 통로입니다.

목적과 수단을 구분하지 못하면, 하나님의 종들이 되레 하나님 나라에 반하는 삶을 살거나 하나님 나라와는 상관없는 인생을 사는 것을 보게 됩니다. 하나님 나라는 믿음으로 이루어져야 하는데, 진리 안에서 자유하기는커녕 율법에 갇혀 쪼그라든 인생을 사느라 믿음을 갖지 못하는 것입니다. 심지어 자신뿐 아니라 성도들을 율법의 가두리 안에 몰아넣어서 신앙인이 아닌 틀에 박힌 종교인을 양산해 내기까지 하지 않습니까? 하나님의 종을 잘못 만나면, 하나님 나라에 들어가지도 못할 뿐만 아니라 자기도 모르게 문고리를 잡고 다른 사람들도 못 들어가게 가로막는 어이없는 종교 집단을 만드는 현실을 봅니다.

그러므로 나 자신의 믿음이 어떠한지를 알아야 합니다. 나는 과연 바른 믿음으로 하나님 나라를 이루어 가고 있는가를 제대로 돌아보고 짚어봐야 합니다. 그렇게 하지 않는다면, 어디로 끌려가는지도 모른 채 끌려다니다가 하나님 나라를 코앞에 두고 영원한 미아가 되어 버리고 말 것입니다.

하나님 나라는 믿음으로 세워집니다. 때로는 한 사람의 믿음으로도 하나님 나라가 이루어집니다. 하나님이 "내 마음에 맞는 사람이라 내 뜻을 다 이루리라"(행 13:22)라고 하실 정도로 기뻐하신 한 사람이 있습니다. 바로 다윗입니다. 다윗은 믿음의 속성을 이해하는 중요한 단서를 줄 뿐만 아니라 한 사람의 믿음으로 말미암아 하나님 나라가 세워진다는 사실을 우리에게 확인시켜 주는 인물입니다.

다윗을 하나님이 기뻐하시는 믿음의 사람으로 서게 한 결정적 사건은 무엇입니까? 그 유명한 골리앗과의 전투입니다. 당시 이스라엘 군대는 골리앗이라는 블레셋 장수 하나 때문에 주눅이 들어 얼어붙어 있었습니다. 골리앗이 이스라엘을 날마다 조롱해도 사울왕부터 시작해서 누구 하나 맞서는 사람이 없었습니다. 그러던 차에 아버지 이새의 심부름으로 전장에 들른 소년 다윗이 이 어처구니없는 상황을 목격했습니다. 그때 다윗의 나이는 열여섯이나 열일곱 정도였습니다. 아무리 많아도 열여덟 살을 넘지는 않았을 것입니다.

다윗은 하나님 생각으로 가득했기에 그 현장에 분노했고, 하나님 생각으로 충만했기에 골리앗을 작게 여겼습니다. 골리앗의 실제 키가 3미터에 가까웠는데도 다윗의 눈에는 감히 무한하신 하나님을 조롱하는 한낱 먼지만도 못한 인간에 지나지 않았던 것입니다. 다윗의 시력이 좋지 않아 골리앗을 잘못 보았습니까? 아닙니다. 믿음의 관점에서 바라봤기 때문입니다. 믿음의 사람은 보이는 것이 전부가 아니라는 사실을 압니다. 그 너머에 전능하신 하나님이 계심을 아는 것입니다.

하나님을 향한 중심이 확고한 사람을 쓰신다

다윗은 어려서부터 누구도 주목하지 않는 삶을 살아왔습니다. 그는 양을 치면서 맹수들에게서 자신과 양 떼를 돌보고 지켜 주신 하나님을 경험했습니다. 그리고 하나님의 도우심으로 맹수와 숱하게 싸워 이겼던 경험이 있습니다. 즉 믿음의 눈으로 사물을 바라보는 훈련이 된 사람이었던 것입니다. 그러니 3미터 거인이라도 두려워하지 않을 수 있었던 것이지요.

여호수아와 갈렙을 보십시오. 광야 1세대 중에 가나안 땅에 들어간 건 단 두 사람뿐입니다. 어째서입니까? 믿음의 눈으로 바라본 사람이 그 둘뿐이었기 때문입니다. 그 땅에 키가 크고 장대한 아낙 자손이 살고 있던 것은 사실입니다. 게다가 최신 무기까지 갖추고 있었으니 아무리 봐도 이스라엘이 맞서 싸우기에는 역부족이었을 것입니다. 이것이 합리적이고 상식적인 시선이요 논리적인 판단입니다.

세상은 그런 보고서로 가득합니다. 우리가 유명한 애널리스트를 통해서 어떤 분석표를 받아도 그런 객관적인 수치와 지표로 가득한 보고서를 손에 쥐게 될 것입니다. 그런데 그런 객관적인 자료 너머를 바라보는 사람들이 있습니다. 여호수아와 갈렙은 믿음의 눈으로 합리적이고 상식적이고 논리적인 증거들 너머를 바라보았습니다. 그들은 두려워하기보다 감탄했습니다.

"과연 젖과 꿀이 흐르는 땅이로구나. 하나님이 이 땅을 우리에게 주시는구나. 이제야 광야 생활을 접고 하나님을 제대로 예배할 수 있는 땅으로 들어가겠구나!"

결국, 믿은 사람은 약속의 땅에 들어갔고, 믿지 못한 사람들은 광야에서 죽고 말았습니다. 하나님은 "이제 우리는 다 죽었구나"라고 말한 사람들을 그 말대로 죽게 내버려 두셨습니다. 그런데 골리앗을 상대하는 이스라엘 군대가 또다시 그 말을 하고 있습니다.

"우리가 골리앗 앞에서 다 죽게 생겼구나."

이때 소년 다윗이 골리앗을 향해 외치며 이스라엘의 죽겠다는 소리를 잠재웁니다.

너는 칼과 창과 단창으로 내게 나아 오거니와 나는 만군의 여호와의 이름 곧 네가 모욕하는 이스라엘 군대의 하나님의 이름으로 네게 나아가노라 (삼상 17:45)

그는 주머니에 든 돌로 물매를 던져 거인 골리앗의 이마를 정통으로 맞춰 쓰러뜨립니다. 믿음의 눈으로 골리앗의 허점, 단 하나의 빈 곳을 한눈에 파악하고, 물매와 돌이라는 수단을 써서 정확하게 공략한 것입니다. 그 후의 이야기야 다 알지 않습니까?

이 이야기에서 중요한 것은 무엇입니까? 결국, 하나님은 믿음으로 달려가는 다윗을 이스라엘의 지도자로 세우시

고, 이로써 하나님 나라를 이루신다는 것입니다. 즉 하나님
은 먼저 하나님의 사람을 부르시고, 그다음에 그를 하나님
의 사람으로 빚으시고, 그러고 나서 그를 통해 하나님 나라
를 세우신다는 것을 알 수 있습니다.

바리새인들이 예수님에게 하나님 나라가 "어느 때에 임
하나이까?" 하고 물으니 예수님이 "하나님의 나라는 볼 수
있게 임하는 것이 아니요 또 여기 있다 저기 있다고도 못 하
리니 하나님의 나라는 너희 안에 있느니라"라고 대답하신
바 있습니다(눅 17:20-21). 하나님 나라는 우리 안에, 곧 우리
마음 중심에 있습니다.

또 하나님은 사람을 보실 때, 중심을 보신다고 말씀하셨
습니다(삼상 16:7). 하나님의 일은 바로 이 '중심'으로부터 시
작된다는 뜻입니다. 다윗의 중심에 하나님이 가득하니 골리
앗 따위는 벌레만도 못하게 보이는 것입니다. 다윗은 골리
앗을 밟고 서서 그의 칼로 머리를 베어 버립니다. 정작 골리
앗을 쓰러뜨린 것은 사울의 갑옷과 칼이 아니라 다윗의 주
머니에 든 물매와 돌이었음을 기억하십시오.

믿음의 여정은 사람마다 다릅니다. 시간이 다르고, 길이
다르고, 보폭이 다릅니다. 그러나 믿음의 길을 걷는 사람이
라면 누구나 점검해야 할 것이 있습니다. 바로 마음의 중심
입니다. 이 중심으로부터 신앙이 시작되어야 하기 때문입니
다. 어떤 결정을 내리거나 행동하기에 앞서 나의 중심이 어
디를 향해 있는가를 살펴야 합니다. 중심이 빗나가면 모든
게 허상일 뿐입니다. 즉 신앙의 삶이란 마음의 중심, 곧 동기

를 점검하는 삶입니다. 무엇을 위해 기도합니까? 무엇 때문에 고군분투합니까?

예수님이 이 땅에 하나님 나라를 세우시는 데 토대가 되는 기초석이 무엇입니까? 세상에서 불러내었으나 하나님을 향한 중심이 확고한 사람들입니다. 바로 이들로부터 하나님 나라가 시작됩니다. 교회가 무엇입니까? 교회를 가리키는 헬라어 에클레시아(ἐκκλησία)는 '부름 받아 나온, 택함 받은 자들의 모임'을 뜻합니다. 예수님은 "두세 사람이 내 이름으로 모인 곳에는 나도 그들 중에 있느니라"(마 18:20)라고 말씀하셨습니다. 이것은 두세 사람의 중심에 주님의 이름이 자리하고 있다는 뜻 아니겠습니까? 부름을 받고, 택함을 받을 뿐만 아니라 그 중심에 주님이 계셔야 합니다.

예수님은 두세 사람이라도 믿음의 반석으로 살아가는 사람들과 함께하시기 위해서 십자가를 지셨고, 죽음에서 다시 살아나셨습니다. 믿음의 사람들과 함께하시겠다는 약속은 지금도 여전히 지켜지고 있습니다. 이것을 믿는 것이 곧 신앙입니다. 예수 그리스도께서 계시지 않는데, 예배를 드린다는 것이 말이 됩니까? 우리가 예배드릴 때 주님이 함께하심을 믿는 것이 신앙 고백입니다.

주님은 "나는 처음이요 마지막이니 곧 살아 있는 자라 내가 전에 죽었었노라 볼지어다 이제 세세토록 살아 있어 사망과 음부의 열쇠를 가졌노니"(계 1:17-18)라고 말씀하십니다. "너희가 보기에 죽었던 이가 다시 살아나서 모든 권세를 가지고 너희와 함께 영원히 살리라"라는 말씀을 믿음으로 고백하는 사람들의 모임이 곧 교회입니다. 진정한 교회는 세상이 흔들지 못합니다.

"나는 알파와 오메가"(계 1:8)요 "처음이요 마지막"(계 1:17)이란 말씀의 의미가 무엇입니까? 우선, 창조의 개념을 바로 알아야 합니다. 창조는 시작만을 의미하지 않습니다. 창조란 시작과 끝을 아우르는 작업입니다. 즉 알파와 오메가가 동시에 존재하는 작업이란 뜻입니다. 작가를 예로 들어봅시다. 작가의 머릿속에는 이야기의 시작과 끝이 이미 그려져 있습니다. 작가의 능력은 시작과 끝이 함께하는 창작 활동으로 인정받습니다.

믿음이란 처음과 끝을 완벽하게 계획하고 계신 분의 손에 우리 인생이 있음을 알고, 어떤 고난을 겪거나 어떤 과정을 거치든 하나님의 완벽한 계획을 믿고 인정하는 것입니다. 그러므로 믿음의 사람이 세상을 사는 차원은 다를 수밖에 없습니다. 어떻게 하나님을 모르는 세상 사람들처럼 살 수 있겠습니까?

다윗의 믿음이 얼마나 놀랍습니까? 얼마나 담대합니까! 하나님은 다윗을 하나님 나라를 위한 그루터기로 쓰셨습니다. 장차 예수 그리스도께서 그의 가문을 통해 오시는 계기가 된 사건이 바로 골리앗과의 전투라는 놀라운 믿음 사건입니다.

하나님은 그 옛날 다윗이 골리앗을 바라보던 시선으로

지금 세상을 바라보라고 말씀하십니다. 그래야 세상의 고난을 넉넉히 이길 수 있다고 말씀하십니다. 교회를 얼마나 오래 다녔건 성경을 얼마나 많이 읽었건 상관없습니다. 하나님이 창조주이심을 기억하십시오. 그리고 그분의 창조는 처음과 끝이 이미 완성되어 있음을 믿으십시오. 알파와 오메가요 처음이요 마지막이신 하나님을 인정할 때, 그곳에 하나님 나라가 임합니다.

선하신 하나님은 우리가 상상할 수 없을 정도로 광대하신 분입니다. 이것을 인정하는 사람은 얼마나 겸손하게 살겠습니까? 창조주를 인정하고 믿는 삶이 얼마나 존귀합니까? 다른 차원의 세상을 사는 믿음의 사람은 그 삶의 가치가 다르고, 다른 사람과 교제하는 격이 다른 법입니다. 바로 이런 믿음의 사람들이 이 땅에 하나님 나라를 세웁니다.

Q&A

Q 다윗이 던진 돌이 골리앗의 이마에 박힌 것은 신령한 힘 덕분일까요, 아니면 다윗의 출중한 실력 덕분일까요?

저는 동쪽으로 던진 돌이 서쪽으로 날아가는 일은 없다고 생각합니다. 다윗은 양을 치며 물매로 돌 던지는 훈련을 수없이 해 봤을 것입니다. 말콤 글래드웰(Malcolm Gladwell)의 《아웃라이어》라는 책을 보면, '1만 시간의 법칙'이 나오지 않습니까? 하루에 3-4시간씩 10년을 투자하면 어떤 분야의 전문가가 될 수 있다는 이론입니다. 저는 다윗이 맹수에게서 양을 지키기 위해 그런 훈련을 했으리라고 믿습니다. 다윗에게는 돌 던지기가 일상이었을 것입니다. 성실한 훈련과 담대한 믿음이 있었기에 골리앗을 향해 돌을 던질 수 있었던 것입니다.

그러나 돌을 던진다고 해서 다 명중하는 것은 아니지요. 실력이 아무리 뛰어나도 두려우면 손이 떨릴 것 아닙니까? 다윗은 하나님이 주신 담대함으로 골리앗 앞에 설 수 있었고, 믿음으로 승리했습니다. 이스라엘의 모든 군대가 두려워하던 골리앗을 어린 소년이 '내가 상대할 수 있다'고 믿는 것이야말로 진정한 믿음의 시작 아니겠습니까!

Q 저는 하나님의 일을 감당하기에는 너무나도 부족한 사람입니다. 특별히 뛰어난 점이 하나도 없습니다. 제 연약함과 부족함을 뼈저릴 정도로 잘 알고 있기에 하나님께 제 삶을 드린다는 말이 사치스럽게 느껴집니다. 이런 제가 과연 하나님께 쓰임 받을 수 있을까요?

하나님은 우리의 능력이 아니라 오히려 무능력을 들어 사용하십니다. 내가 할 수 있다고 착각할 때가 아니라 스스로 불가능함을 깨달을 때 하나님이 일하십니다. 인간의 가능성이 사라진 곳에서 진정한 하나님의 가능성이 시작된다는 뜻입니다. 그런 의미에서 질문자가 하나님께 쓰임 받을 때가 가까워졌다는 느낌이 듭니다.

하나님의 일은 세상의 일과 같지 않습니다. 하나님의 일은 대단한 일을 하는 것이 아니라 사랑하고, 용서하고, 관계를 맺는 것에서 시작됩니다. 관계를 잘 맺는 능력, 뒤에서 험담하지 않는 능력, 남을 가벼이 여기지 않는 능력 등이 하나님의 일을 위해 부어 주시는 능력입니다. 사람을 필요에 따라 평가하지 않고, 하나님이 보내신 존재로 받아들일 때, 그

곳에 하나님 나라가 임합니다. 진정한 하나님의 일은 사랑
과 성령의 열매를 맺는 것입니다.

6

믿음을 다시 세우는 길

아합이 엘리야가 행한 모든 일과 그가 어떻게 모든 선지자를 칼로 죽였는지를 이세벨에게 말하니 이세벨이 사신을 엘리 야에게 보내어 이르되 내가 내일 이맘때에는 반드시 네 생명 을 저 사람들 중 한 사람의 생명과 같게 하리라 그렇게 하지 아 니하면 신들이 내게 벌 위에 벌을 내림이 마땅하니라 한지라 그가 이 형편을 보고 일어나 자기의 생명을 위해 도망하여 유 다에 속한 브엘세바에 이르러 자기의 사환을 그곳에 머물게 하고 자기 자신은 광야로 들어가 하룻길쯤 가서 한 로뎀 나무 아래에 앉아서 자기가 죽기를 원하여 이르되 여호와여 넉넉 하오니 지금 내 생명을 거두시옵소서 나는 내 조상들보다 낫 지 못하니이다 하고 로뎀 나무 아래에 누워 자더니 천사가 그 를 어루만지며 그에게 이르되 일어나서 먹으라 하는지라 본 즉 머리맡에 숯불에 구운 떡과 한 병 물이 있더라 이에 먹고 마 시고 다시 누웠더니 여호와의 천사가 또 다시 와서 어루만지 며 이르되 일어나 먹으라 네가 갈 길을 다 가지 못할까 하노라 하는지라 이에 일어나 먹고 마시고 그 음식물의 힘을 의지하 여 사십 주 사십 야를 가서 하나님의 산 호렙에 이르니라

| 왕상 19:1-8 |

인생을 살다 보면, 앞으로 고꾸라져 다시는 못 일어날 것 같은 위기에 처할 때가 있습니다. 하나님을 믿는 것조차 한계에 다다랐나 싶을 때는 인생의 실패자요 낙오자가 된 것만 같습니다. 그저 몇몇만이 겪는 일이 아닙니다. 성경에 등장하는 믿음의 사람들도 영적 침체를 경험했다는 기록이 있는 것이 우리에게 얼마나 위로가 되는지 모릅니다. 위대한 신앙인들이 처음부터 끝까지 변함없는 믿음으로 올곧게만 살았다면, 우리같이 평범한 사람들은 얼마나 낙심되겠습니까?

하나님이 세우신 사람들도 실족할 수 있습니다. 감히 가늠할 수 없이 깊어 보이던 믿음이 한순간에 물거품처럼 사라지는 것을 보거나 거대한 탑처럼 높고 단단해 보이던 믿음이 와르르 무너져 내리는 것을 보기도 합니다. 사실, 그들도 우리와 별다르지 않은 보통 사람들인 것입니다. 그렇다면 어렵고 힘든 상황 가운데 있는 우리도 하나님이 믿음의 능력으로 새롭게 해 주시면 그들처럼 귀히 쓰임 받지 않겠습니까?

하나님은 능력 있는 완성형의 사람을 쓰시기보다는 자신의 무지와 무능력을 고백하는 성장형의 사람을 들어 쓰십니다. 이것이 성경을 읽는 묘미요 성경에서 발견하는 지혜입니다. 하나님은 한때 열심이 특심한 믿음의 용사였으나 탈진하여 쓰러진 사람을 어루만져 다시 일어나게 하십니다. 얼마나 위로되고, 도전됩니까?

우리에게 위로와 도전을 동시에 안겨 주는 선지자가 있습니다. 바로 엘리야입니다.

1대 850의 대결로 맞짱 뜬 위대한 선지자

엘리야는 열왕기상 17장에서 비로소 등장합니다.

> 길르앗에 우거하는 자 중에 디셉 사람 엘리야가 아합에게 말하되 내가 섬기는 이스라엘의 하나님 여호와께서 살아계심을 두고 맹세하노니 내 말이 없으면 수년 동안 비도 이슬도 있지 아니하리라 하니라 (왕상 17:1)

BC 9세기경, 당시 북이스라엘은 역사적으로 손꼽힐 만큼 악한 왕과 왕비가 다스리고 있었습니다. 아합왕이 이방의 시돈 왕 엣바알의 딸 이세벨과 결혼하였는데, 이세벨이 수도 사마리아에 바알 신당을 짓고, 온 나라에 바알과 아세라 신상을 세워 숭배하도록 했습니다.

그러니 하나님이 얼마나 노하셨겠습니까? 하나님은 엘리야 선지자를 부르셔서 아합과 이세벨에게 심판의 경고를 전하셨습니다. 포악한 왕과 왕비가 가장 듣기 싫어할 이야기를 전하는 것이 선지자의 소명이었습니다.

엘리야는 아합과 이세벨에게 이스라엘의 하나님 여호와께서 가뭄의 심판을 내리시니 그의 말이 없으면 몇 년 동안 비가 내리지 않을 것이라고 선포합니다. 그리하여 무려 3년 반 동안이나 이스라엘 땅에 비가 내리지 않았습니다. 아합과 이세벨이 얼마나 약이 올랐겠습니까? 어떻게든지 엘리야를 잡아서 죽이고 싶지 않았겠습니까?

그렇게 벼르던 차에 드디어 엘리야를 만난 아합이 "이스라엘을 괴롭게 하는 자여 너냐" 하고 윽박지르니 엘리야가 "내가 이스라엘을 괴롭게 한 것이 아니라 당신과 당신의 아버지의 집이 괴롭게 하였으니 이는 여호와의 명령을 버렸고 당신이 바알들을 따랐음이라" 하고 되레 맞받아칩니다(왕상 18:17-18). 결국, 과연 누가 옳은지를 겨루게 되었으니 바로 그 유명한 갈멜산 대첩입니다.

엘리야가 아합에게 온 이스라엘 사람들과 이세벨의 상에서 먹는 바알의 선지자 사백오십 명과 아세라 선지자 사백 명을 갈멜산으로 모이게 할 것을 제안합니다(왕상 18:19). 사실 갈멜산은 그리 큰 산이 아닙니다. 바알 선지자 450명과 아세라 선지자 400명이 모이면 꽉 찰 정도로 작은 언덕 같은 곳입니다.

이곳에서 엘리야는 1대 850으로 대결을 벌입니다. 여호와 하나님과 바알 중에 누가 참 신인가를 가리는 대결입니다. 송아지 한 마리를 택하여 각을 떠서 제단에 올려놓고, 과연 어느 신이 불로 응답하여 제물을 불태우는가를 볼 것입니다. 바알 선지자들이 제단을 쌓고 제물을 올린 뒤 하루 종일 "바알이여 우리에게 응답하소서"(왕상 18:26) 하고 불렀지만, 아무런 응답도 없었습니다. 엘리야가 "너희 신이 잠들었느냐? 왜 응답이 없느냐"며 조롱하자 바알 선지자들은 칼로 자기 몸을 긁어 피를 내며 광란의 춤을 추기까지 했습니다.

그러나 저녁 소제 드릴 때가 되었는데도 아무런 성과가 없자 엘리야가 여호와의 제단을 쌓고, 제단을 돌아가며 도랑을 만들고, 백성에게 명해 도랑이 넘칠 정도로 번제물과 나무 위에 물을 붓게 하였습니다. 그러고는 "아브라함과 이삭과 이스라엘의 하나님 여호와"(왕상 18:36)께 기도하자 "여호와의 불이 내려서 번제물과 나무와 돌과 흙을 태우고 또 도랑의 물을"(왕상 18:38) 완전히 말려 버렸습니다. 그러자 온 백성이 엎드려 "여호와 그는 하나님이시로다 여호와 그는 하나님이시로다"(왕상 8:39) 하고 경배하였습니다. 엘리야가 승리의 기세를 몰아 백성들에게 바알 선지자들을 한 명도 놓치지 말고 모조리 잡으라고 하자 백성들이 그들을 잡아 기손 시내에서 모두 죽여 버렸습니다.

아합에게서 끔찍한 소식을 들은 이세벨은 머리끝까지 화가 치밀었습니다. 내일 이맘때까지 엘리야를 죽이고 말겠다고 엄포를 놓자 엘리야는 광야로 도망하였습니다. 1대 850으로 대결하여 대승을 거두고 바알 선지자들을 몰살하는 엄청난 경험을 했는데도 엘리야 선지자는 이세벨의 말 한마디를 듣고 두려움에 휩싸이고 말았습니다.

처절하게 바닥을 친 믿음

만일 내가 엘리야라면 어떻게 하겠습니까? 큰 믿음으로 여호와의 말씀을 선포하는 선지자, 불로 응답받을 정도로 능력 있는 선지자라면 어떻게 해야 할까요? 왕비에게서 죽음의 협박을 받았을지라도 당당히 맞서야 하지 않겠습니까? 그런데 엘리야는 왕비의 한마디에 순식간에 겁먹고 광야로 도망쳐 버립니다. 어떻게 상황이 이렇게 역전된단 말입니까? 대체 어느 쪽이 엘리야의 진짜 모습입니까?

하지만 저는 엘리야의 이런 모습에 위안이 됩니다. 우리 믿음이 태산처럼 높고 굳건하기를 바라지만, 한순간에 흔적도 없이 사라질 정도로 연약하다는 사실을 알지 않습니까? 세상을 뒤집어엎을 듯한 기세로 믿음의 기치를 높이 들다가도 순식간에 무너져 내려 두려움에 휩싸일 때가 얼마나 많습니까? 죽기까지 주님을 따르겠노라고 다짐하고, 주님을 얼마나 사랑하는지 목숨도 기꺼이 내놓을 수 있다고 호언장담해도 막상 난처한 상황을 만나면 주님을 모른다고 부인하는 것이 우리 모습 아닙니까? 이것이 우리 믿음의 실상입니다. 천하의 엘리야도 우리처럼 기진맥진하거나 실족할 때가 있다는 사실이 위로가 됩니다.

이처럼 성경은 그 위대한 선지자 엘리야도 미화하지 않습니다. 그럴듯하게 포장하지 않고 가식 없이 정직하게 기록합니다. 그래서 더욱 신뢰할 수 있습니다. 성경은 왜 사람을 미화하지 않을까요? 롤러코스터를 타듯 오르락내리락하는 우리 믿음의 실상을 아시는 하나님이 우리를 내치지 않고 끝까지 지켜 주시리라는 것을 가르쳐 주기 위함이 아니겠습니까? 그래서 예수님이 오셨고, 성령님이 오신 것 아니겠습니까!

갈멜산에서 바알 선지자들을 맹렬히 호령하고 죽이기까지 했던 엘리야가 지금은 무엇을 하고 있습니까?

광야로 들어가 하룻길쯤 가서 한 로뎀 나무 아래에 앉아서 자기가 죽기를 원하여 이르되 여호와여 넉넉하오니 지금 내 생명을 거두시옵소서 나는 내 조상들보다 낫지 못하니이다 하고 (왕상 19:4)

엘리야는 차라리 죽여 달라고 애원하고 있습니다. 이런 모습을 보고 비굴하다 비난하지 마십시오. 우리도 마찬가지 아닙니까? 실패자로 낙인찍지도 마십시오. 하나님이 그를 다시 일으켜 세우실 것이기 때문입니다. 우리의 관심은 하나님이 엘리야를 어떻게 회복시키는가가 되어야 합니다. 흠 잡을 데 없이 좋은 믿음도 도전이 되지만, 처절하게 바닥을 친 믿음을 하나님이 어떻게 다시 세우시는가를 보는 것은 더욱 큰 도전이 됩니다.

고난을 딛고 일어서도록 도우신다

크게 낙담하여 로뎀 나무 아래에 누워 죽고 싶다고 기도하는 엘리야에게 하나님이 제일 먼저 하신 일은 먹이고 재우는 일이었습니다. 하나님이 "얘야, 먹어야 기운을 차리지. 일어나서 먹고 또 자거라"라고 말씀하시는 모습을 상상하면, 마음이 따뜻해지지 않습니까? 아마도 엘리야는 갈멜산에서 피비린내 나는 전투를 치르느라 격앙된 마음을 쉽게 가라앉히지 못했을 것입니다. 하루이틀 굶는 것은 아무것도 아니었겠지요.

하나님은 우리 믿음을 회복시키실 때, 먼저 일상부터 회복하게 하십니다. 그러므로 내 믿음이 바닥을 쳤구나 싶으면, 가장 먼저 할 일은 잘 챙겨 먹는 것입니다. 믿음을 달라고 기도할 때가 아닙니다. 그동안 먹고 싶었던 것을 찾아 먹으십시오. 저는 낙담하거나 기력이 쇠할 때면 그동안 가고 싶었으나 가지 못했던 식당을 찾아가 입맛에 맞는 음식을 먹곤 합니다. 묘하게도 그때마다 어떤 음식이 생각나거나 식당을 기억나게 하십니다.

엘리야를 가장 잘 아시는 하나님은 그 순간 그에게 가장 필요한 것을 주십니다. 말 그대로 잘 먹고, 푹 자는 것입니다. 잊지 마십시오. 우리는 천사 같은 존재가 아닙니다. 영·혼·육이 모두 건강해야 합니다. 하나님은 우리 육신의 필요도 채워 주시니 얼마나 자상하신 분입니까?

천사의 보살핌으로 기운을 차린 엘리야가 힘을 내어 "사십 주 사십 야를 가서 하나님의 산 호렙"(왕상 19:8)에 이릅니다. 그곳 굴에서 머물 때, 여호와의 말씀이 임하니 "너는 나가서 여호와 앞에서 산에 서라"(왕상 19:11)라고 명하십니다. 그러고는 여호와께서 지나가시는데, 강한 바람이 불고, 지진 후에 불이 나더니 "세미한 소리"(왕상 19:12)가 들려옵니다. 바로 하나님의 음성입니다.

하나님은 바다을 치고 낙담해 있는 엘리야를 다시 일으켜 세우시고는 그가 한 번도 생각해 보지 못했던 일을 명하십니다.

> 너는 네 길을 돌이켜 광야를 통하여 다메섹에 가서 이르거든 하사엘에게 기름을 부어 아람의 왕이 되게 하고 너는 또 님시의 아들 예후에게 기름을 부어 이스라엘의 왕이 되게 하고 또 아벨므홀라 사밧의 아들 엘리사에게 기름을 부어 너를 대신하여 선지자가 되게 하라 (왕상 19:15-16)

하나님은 아람의 왕과 이스라엘의 왕을 기름 부어 세우라고 하십니다. 또 그의 뒤를 이을 선지자로 엘리사를 기름 부어 세우라고 말씀하십니다. 믿음의 사람에게 마지막으로 주어지는 사명은 다음 사람을 세우는 일입니다. 여호수아로 모세의 뒤를 잇게 하셨듯이 엘리사로 엘리야의 뒤를 잇게 하십니다. 하나님은 참으로 기막히신 분입니다. 혈기 왕성하여 뭐든 할 수 있다고 자신할 때는 일을 안 시키시다가 오히려 제힘으로는 아무것도 할 수 없다고 절망할 때 사명을 주시니 말입니다.

그러므로 크게 좌절할수록 더욱 힘을 내어 소망하십시오. 하나님이 나의 절망을 희망으로 바꾸어 주실 것입니다. 엘리야가 하나님께 "오직 나만 남았거늘 그들이 내 생명을 찾아 빼앗으려 하나이다"(왕상 19:14) 하고 하소연하지만, 하나님이 그에게 말씀하십니다.

> 그러나 내가 이스라엘 가운데에 칠천 명을 남기리니 다 바알에게 무릎을 꿇지 아니하고 다 바알에게 입 맞추지 아니한 자니라 (왕상 19:18)

엘리야와 같은 믿음의 사람을 "칠천 명"이나 남겨 두셨다는 것입니다. 나만 고생하는 것이 아닙니다. 신앙의 길을 나 혼자 가는 게 아닙니다. 믿음의 형제자매들이 많습니다. 나보다 믿음이 더 좋은 사람이 한둘이 아닙니다. 자신을 드러내지 않은 채 골방에서 기도하는 사람이 얼마나 많은지 모릅니다. 상상도 못 할 정도로 높은 수준의 믿음을 가진 사람들이 세상 곳곳에 있습니다.

내가 고난을 겪을 때, 하나님이 곳곳에 남겨 두신 사람들이 나를 위해 기도하고 있음을 믿으십시오. 하나님은 내가 그 고난을 딛고 일어서도록 반드시 도우심을 믿으십시오. 내가 다시 일어서는 날, 하나님은 비로소 나를 그분이 원하시는 곳으로 데려가십니다. 예수님을 세 번이나 부인했으나 주님의 사랑으로 다시금 일어선 베드로에게 주님이 하신 말씀을 되새겨 보십시오.

> 내가 진실로 진실로 네게 이르노니 네가 젊어서는 스스로 띠 띠고 원하는 곳으로 다녔거니와 늙어서는 네 팔을 벌리리니 남이 네게 띠 띠우고 원하지 아니하는 곳으로 데려가리라 (요 21:18)

이제부터 베드로는 자기가 원하는 곳으로 가지 못합니다. 하나님은 베드로가 원하지 않는 곳, 그러나 주님이 원하시는 그곳으로 그를 데려가실 것입니다. 우리도 마찬가지입니다. 나의 의지와 욕망과 계획이 산산조각 나는 것을 슬퍼하지 마십시오. 주님이 편하게 쓰실 수 있도록 다듬어지느라 그런 것일 수 있습니다.

그러니 부디 낙심하지 마십시오. 아니, 바닥에 닿을 때까지 낙심하십시오. 그리고 철저히 회개하십시오. 하나님을 향한 소망은 오히려 자신을 향한 소망이 끊어질 때 생긴다는 사실을 믿으십시오. 주님이 낮추실 때는 철저하게 낮아지십시오. 그러면 주님이 아름답게 회복시켜 주실 줄로 믿습니다.

Q&A

Q 초신자입니다. '자기를 부인하는 것'이 무엇인지 알
　고 싶습니다.

예수님은 "누구든지 나를 따라오려거든 자기를 부인
하고 자기 십자가를 지고 나를 따를 것이니라"(마 16:24)라
고 말씀하셨습니다. 사람은 지푸라기라도 붙들 힘이 있으
면 하나님을 찾지 않습니다. 그래서 하나님은 종종 고난을
통해 우리가 자기를 부인할 수밖에 없게 하십니다. 그렇게
해서 하나님에게서 소망을 찾게 하기 위함입니다.

즉 자기 부인이란 '내 안에 선한 것이 하나도 없음을 인
정하는 것'입니다. 내 생각, 내 방법, 내 능력에는 아무 희망
이 없음을 깨닫는 것입니다.

그러나 억지로 끌려가기 전에 "하나님, 제 방법으로 안
됩니다. 제가 졌습니다" 하고 스스로 두 손 들고 항복하기를
권합니다. 신앙은 하나님께 항복 선언을 하는 데에서 시작
된다고 믿기 때문입니다.

또한 우리는 자기 부인을 통해 과거 부끄러운 자기의 모
습, 실패와 죄악까지도 부인할 수 있는 은혜를 얻습니다. 자
기 힘으로는 새롭게 될 수 없으나 하나님의 은혜로 새롭게

되는 것입니다. 우리는 "내게 있는 모든 것을 아낌없이 드리네" 하고 찬양할 때, 좋은 것을 드리는 것만 생각하지만, 사실 우리에게 있는 것은 좋은 것보다 나쁜 것이 더 많지 않습니까? 자기 부인은 주님께 좋은 것만 드리는 것이 아니라 나쁜 것까지도 모두 드리는 것입니다. 그러므로 은혜입니다.

지금은 SNS와 미디어 활동으로 자기를 홍보하는 시대, 곧 '자기 과시 시대'입니다. 자기를 극대화하는 시대입니다. 이런 시대에 자기를 부인하기란 거의 불가능한 일입니다. 그러므로 이 시대에 합당한 자기 부인은 무턱대고 "나는 아무것도 아닙니다"라고 말하는 것이 아니라 자기를 과시하지 않고, 존재 그대로의 모습으로 살아가는 것이 아니겠습니까? 겉으로는 대단해 보여도 실상은 별것 아닌 자기를 인정하고, 그럴싸하게 포장해 왔던 자기를 부인하는 것이 오늘날 우리가 해야 할 자기 부인일 것입니다.

그런 면에서 자기 부인은 두껍고 무거운 포장을 벗어 버리는 자유함을 우리에게 선물합니다. 예수님이 "수고하고 무거운 짐 진 자들아 다 내게로 오라 내가 너희를 쉬게 하리라"(마 11:28)라고 하셨습니다. 그러니 자기 부인을 너무 어렵게 생각하지 마십시오. 자기 과잉으로 무거워진 짐을 주님 앞에 내려놓고, 자기 모습 그대로 정직하게만 살아도 제대로 된 자기 부인이라고 할 수 있습니다.

Q 저는 청년입니다. 아직 젊기에 세상의 것들을 누리고 싶습니다. 벌써 하나님을 믿어야 할까요? 신앙의 삶과 자기중심적 삶 사이에서 씨름하기보다 인생의 황혼기에 하나님께 회개하고 믿음의 삶을 살다가 천국에 들어가는 편이 낫지 않을까요?

저도 한때 그렇게 생각한 적이 있습니다. 하지만 세상의 쾌락은 겉보기처럼 아름답지 않습니다. 저는 주님을 영접하기 전에 직장 일로 밤마다 술을 마시곤 했는데, 그 세계를 빠져나오고 나니 그것이 얼마나 불결하고 추악한 세상이었는지를 알게 됐습니다. 한마디로 시궁창이었지요. 그런데 내가 아직까지 시궁창에서는 안 살아 봤으니 어디 한번 경험해 볼까 하고 일부러 들어갈 필요는 없지 않습니까?

모태 신앙인이 화려한 세상을 동경하는 건, 그 실상을 모르기 때문입니다. 문제는, 그런 곳에 들어가면 내가 원할 때 빠져나올 수 없다는 것입니다. 대부분은 빠져나오지 못하고 망가집니다.

하나님과의 동행은 죽은 다음에야 시작되는 게 아닙니다. 지금 이 땅에서부터 하나님의 자녀로 살아가는 것이 복입니다. 무엇 때문에 예수님을 모르고 살다가 막판에 돌아오는 삶을 선택하겠습니까?

예수님을 믿는다는 것은 조금 착한 사람이 되는 것이 아니라 완전히 새사람이 되는 것입니다. 거듭나지 않으면 이 사실을 모릅니다. 청년에게 필요한 것은 아직 누려 보지 못한 쾌락의 길이 아니라 주님과 동행하는 삶이 얼마나 복된 것인지를 깨닫게 하는 거듭남의 길입니다.

거듭나면 영혼의 감각이 살아나고, 세상의 악취를 제대로 느끼게 됩니다. 매번 예배가 지루하고 설교 시간에 졸린 이유는 하나님을 향한 갈망이 부족하기 때문입니다. 그리고 아직 거듭나지 않았기 때문입니다. 사실 내가 그리스도의 사람이 아니기 때문에 그리스도의 말씀이 와 닿지 않는 것입니다. 거듭나야 비로소 예배의 기쁨을 알게 되고, 세상에 가득한 것이 쓰레기와 같은 것임을 깨닫게 됩니다.

장차 우리는 천국에서 매일 예배드릴 것입니다. 만약 예배의 기쁨을 누리지 못한다면, 장차 천국에서의 삶이 고역이 될지도 모릅니다. 지금부터 주님과 동행하는 삶을 날마다 누리시기를 바랍니다. 예배 드리는 기쁨을 소유하기를 기도합니다.

하나님은 우리 믿음을 회복시키실 때
일상부터 회복하게 하십니다.
그러므로 내 믿음이 바닥을 쳤구나 싶으면
가장 먼저 할 일은 잘 챙겨 먹는 것입니다.

7

의인은 믿음으로 살다

내가 내 파수하는 곳에 서며 성루에 서리라 그가 내게 무엇이라 말씀하실는지 기다리고 바라보며 나의 질문에 대하여 어떻게 대답하실는지 보리라 하였더니 여호와께서 내게 대답하여 이르시되 너는 이 묵시를 기록하여 판에 명백히 새기되 달려가면서도 읽을 수 있게 하라 이 묵시는 정한 때가 있나니 그 종말이 속히 이르겠고 결코 거짓되지 아니하리라 비록 더딜지라도 기다리라 지체되지 않고 반드시 응하리라 보라 그의 마음은 교만하며 그 속에서 정직하지 못하나 의인은 그의 믿음으로 말미암아 살리라 그는 술을 즐기며 거짓되고 교만하여 가만히 있지 아니하고 스올처럼 자기의 욕심을 넓히며 또 그는 사망 같아서 족한 줄을 모르고 자기에게로 여러 나라를 모으며 여러 백성을 모으나니 그 무리가 다 속담으로 그를 평론하며 조롱하는 시로 그를 풍자하지 않겠느냐 곧 이르기를 화 있을진저 자기 소유 아닌 것을 모으는 자여 언제까지 이르겠느냐 볼모 잡은 것으로 무겁게 짐진 자여 너를 억누를 자들이 갑자기 일어나지 않겠느냐 너를 괴롭힐 자들이 깨어나지 않겠느냐 네가 그들에게 노략을 당하지 않겠느냐 네가 여러 나라를 노략하였으므로 그 모든 민족의 남은 자가 너를 노략하리니 이는 네가 사람의 피를 흘렸음이요 또 땅과 성읍과 그 안의 모든 주민에게 강포를 행하였음이니라 | 합 2:1-8 |

하박국(חֲבַקּוּק) 선지자의 이름 뜻은 '껴안다, 포옹하다'입니다. 그는 이름에 걸맞게 시대의 고민과 아픔을 끌어안고 씨름했던 사람입니다. 하박국서를 읽으면, 신정론적 질문의 절정을 보게 됩니다.

BC 7세기에 유대 사회가 얼마나 타락했는지는 예언서들을 읽다 보면 쉽게 알 수 있습니다. 종교가 타락하고, 정치가 부패했을 뿐만 아니라 사회 곳곳에 성한 데가 없었으니 '이래서 이스라엘이 망했구나, 이래서 남유다까지도 바벨론에 짓밟힐 수밖에 없었구나' 하고 한탄하게 됩니다.

그들이 하나님을 몰랐습니까? 아닙니다. 오히려 이스라엘은 종교인들로 가득한 나라였습니다. 그런데도 이른바 사회 정의는 실현되지 않았습니다. 지금 시대도 마찬가지입니다. 하나님을 아는 세대나 모르는 세대나 타락하고 부패하는 것은 매한가지입니다. 과거나 현재나 주님을 믿는 사람이 많건 적건 그렇습니다.

하박국은 자기 시대의 문제와 고통을 끌어안고 하나님께 부르짖었습니다.

여호와여 내가 부르짖어도 주께서 듣지 아니하시니 어느 때까지리이까 내가 강포로 말미암아 외쳐도 주께서 구원하지 아니하시나이다 어찌하여 내게 죄악을 보게 하시며 패역을 눈으로 보게 하시나이까 겁탈과 강포가 내 앞에 있고 변론과 분쟁이 일어났나이다 (합 1:2-3)

그리고 물었습니다.

주께서는 눈이 정결하시므로 악을 차마 보지 못하시며 패역을 차마 보지 못하시거늘 어찌하여 거짓된 자들을 방관하시며 악인이 자기보다 의로운 사람을 삼키는데도 잠잠하시나이까 (합 1:13)

우리는 그의 질문에 답하시는 하나님의 말씀을 들어야 합니다.

믿음은 시대의 아픔을 끌어안는 것이다

신앙인은 시대의 문제와 씨름하게 되어 있습니다. 신앙인이 되었다는 것은 하나님을 모르거나 오해하는 사람들과는 달리 삶의 잣대가 바뀌었다는 뜻입니다. 신앙인의 시야는 개인의 범위를 넘어 세상으로 넓혀지고, 자연스럽게 "세상은 왜 이 모양인가? 하나님은 왜 침묵하시는가?" 하고 의문을 품게 됩니다.

예수님은 "회개하라 천국이 가까이 왔느니라"(마 3:2)라고 외치며 이 땅에 하나님 나라를 이끌고 내려오셨습니다.

우리는 이 땅에 임한 하나님 나라를 문득문득 느끼면서도 여전히 부조리한 세상을 살아갑니다. 그러니 괴로울 수밖에 없고, 세상에 하나님의 공의와 사랑이 흘러넘치기를 꿈꿀 수밖에 없습니다.

하나님을 믿는 사람은 자신의 믿음과 사회 현상 사이의 충돌을 경험하기에 괴로울 수밖에 없습니다. 하지만 모든 믿는 사람이 괴로운 것은 아닙니다. 내가 원하는 걸 얻고 나만 잘되면 그만인 기복 신앙의 차원에 머물러 있다면, 시대의 아픔과 상관없이 살 수 있을 것입니다. 나는 이제 구원받았으니 더 이상 내 주위를 돌아볼 게 없다고 착각하는 사람들이 있는 한 사회 문제는 해결되지 않습니다.

한 사회를 평가하는 기준은 정치·경제·사회·문화 등의 관념이나 제도가 아닙니다. 사회 형성의 토대가 되는 이른바 상부 구조(superstructure)에 따라 평가됩니다. 중요한 것은 이것이 바로 종교 영역에서 비롯되었다는 것입니다. 한 사회 또는 한 시대가 어떤 종교를 가졌느냐에 따라 정치·경제·사회·문화 등 모든 삶의 영역이 달라집니다. 그러므로 어떻게 보면 세상이 병드는 까닭은 종교 문제를 진지하게 고민하지 않은 데 있을 가능성이 매우 높습니다.

하박국은 "세상은 어쩌다 이 지경이 되었는가? 왜 하나님은 세상에 만연한 악을 내버려두시는가?"라는 의문을 품었습니다. 그의 의문은 바른 믿음에서 비롯되었다는 것을 기억하길 바랍니다. 바른 믿음을 가졌기에 그는 시대의 아픔을 느낄 수 있었고, 고민할 줄 알았고, 끝내 답을 찾을 수 있었습니다.

그가 보는 세상은 죄악과 패역과 겁탈과 강포와 변론과 분쟁으로 가득했습니다(합 1:3). 그는 하나님께 "내가 강포로 말미암아 외쳐도 주께서 구원하지 아니하시나이다"(합 1:2)라고 부르짖었습니다. 그의 시야는 아직 이스라엘까지였습니다. 하나님은 그것을 내가 어떻게 다스리는지 보라고 하시더니 "사납고 성급한 백성 곧 땅이 넓은 곳으로 다니며 자기의 소유가 아닌 거처들을 점령하는 갈대아 사람"(합 1:6), 곧 바벨론을 일으키겠다고 말씀하십니다. 그들은 "앞을 향하여 나아가며 사람을 사로잡아 모으기를 모래같이 많이 할 것이요 왕들을 멸시하며 방백을 조소하며 모든 견고한 성들을 비웃고 흙벽을 쌓아 그것을 점령할 것"(합 1:9-10)입니다.

하나님의 응답을 들은 하박국은 더욱 큰 고민에 빠질 수밖에 없었습니다. 나라가 아무리 썩었어도 망하게 해서야 되겠습니까? 그의 시야가 드디어 이스라엘을 넘어 바벨론까지 확장됩니다. 그가 하나님께 묻습니다.

주께서 어찌하여 사람을 바다의 고기 같게 하시며 다스리는 자 없는 벌레 같게 하시나이까 그가 낚시로 모두 낚으며 그물로 잡으며 투망으로 모으고 그리고는 기뻐하고 즐거워하여 그물에 제사하며 투망 앞에 분향하오니 이는 그것을 힘입어 소득이 풍부하고 먹을 것이 풍성하게 됨이니이다 그가 그물을 떨고는 계속하여 여러 나라를 무자비하게 멸망시키는 것이 옳으니이까 (합 1:14-17)

이 질문은 오늘날 우리의 질문이기도 합니다. 히틀러가 폴란드, 노르웨이, 네덜란드, 룩셈부르크, 프랑스 등 전 유럽을 초토화한 것이나 러시아가 우크라이나를 공격한 것을 두고 하나님께 "과연 이것이 옳은 일입니까?" 하고 묻지 않을 수 없습니다. 로마 제국의 팍스 로마나(Pax Romana), 대영 제국의 팍스 브리타니카(Pax Britannica), 미국의 팍스 아메리카나(Pax Americana), 그다음은 무엇입니까? 중국의 팍스 시니카(Pax Sinica)입니까? 세속의 권력이 과연 우리에게 평화를 가져다줍니까?

종교가 제자리를 찾지 않으면, 이 세상은 제자리로 돌아오지 않습니다. 디지털 혁명이 세상을 유토피아로 만들 수 없습니다. 정치 시스템을 바꾼다고 세상이 달라지지 않습니다. 경제가 발전하면 달라질까요? 문화가, 교육이 세상을 바꿀 수 있습니까? 문제에 처방을 줄 순 있어도 완전히 해결하지는 못합니다. 왜냐하면 모든 문제가 영적인 질병에서 비롯되었기 때문입니다. 인간의 영적인 상태(status)가 바뀌지 않고서는 그 하위 개념의 혁명은 절대로 성공하지 못합니다.

우리가 일으켜야 할 영적 혁명

우리가 일으켜야 할 영적 혁명이 무엇입니까? 그것은 바로 '믿음으로 사는 삶'입니다. 답은 의외로 간단합니다. 믿음이란 하나님을 인정하는 태도입니다. 하나님을 인정하면 하나님과 인간 사이의 관계가 회복됩니다.

하나님과의 관계가 회복되면, 이제는 내가 중심이 아닌 삶이 시작됩니다. 각 개인이 자신을 중심으로 살면서 끊임없이 충돌하니 곧 '만인 대 만인의 투쟁'입니다. 이 투쟁을 멈추면, 사회 질서를 유지하기 위해 치러야 했던 비용(cost)이 현저히 줄어들 것이고, 그러면 우리가 꿈꾸던 사회적 안녕과 질서와 복지와 사랑과 평화가 자리 잡게 될 것입니다. 이것이 성경이 우리에게 주는 답입니다.

그 핵심이 여호와를 인정하는 것입니다. "여호와를 경외하는 것이 지혜의 근본"(잠 9:10)입니다. 그런데 세상은 하나님을 대적함으로써 엄청난 대가를 치르고 있습니다. 하나님을 빼놓고 다른 것을 아무리 발전시켜 보십시오. 의료 기술이 발달하여 200년을 산다고 문제가 해결되겠습니까? 오히려 감옥 수만 더 늘게 될 것입니다. 하나님을 모른 채 오래 사는 것은 저주일 수 있습니다.

성경에서 말하는 '의'(justice) 또는 '의로움'(righteousness)은 관계의 개념입니다. 하나님과 바른 관계에 들어갈 때, 그것이 곧 의입니다. 하나님이 하나님의 자리에 계시고, 내가 나의 자리에 서게 될 때, 우리는 의롭다고 할 수 있습니다. 이러한 관계 속에서 각자가 하나님 안에서 바로 서는 공동체가 바로 교회입니다. 교회는 사람이 주인 노릇을 하는 곳이 아닙니다. 목사를 주인으로 여기면 큰일납니다. 헌금을 많이 내는 장로가 주인이라고 생각한다면, 그 공동체는 이미 의로움을 잃은 것입니다.

교회는 하나님을 하나님으로 모시는 사람들의 공동체입니다. 하나님의 다스리심 아래에서 성도들이 수평적 질서를 이루는 곳입니다. 위에서 누르는 하향식 구조가 아니라 서로 연결하여 네트워크를 만들 때 하나님의 사랑과 공의가 드러납니다. 이것은 세상에서 볼 수 없는 풍경입니다. 그래서 예수님은 우리를 세상에서 불러내셔서 교회를 이루게 하셨습니다. 이것을 분명히 이해하고 있는 두세 명의 성도가 모여도, 주님은 "나도 그들 중에 있느니라"(마 18:20)라고 하십니다.

믿음은 의로움의 원천입니다. 믿음으로 살아가는 사람들은 하나님과의 관계가 회복된 이들로서 이 땅에서 하나님의 질서를 경험하며 살아갑니다. 이것이 우리가 신앙생활을 하는 이유이자 목적입니다.

신앙은 지극히 개인적입니다. 동시에 진정으로 공동체적입니다. 사도 바울은 구원을 어떻게 받는다고 설명합니까?

너희는 그 은혜에 의하여 믿음으로 말미암아 구원을 받았으니 이것은 너희에게서 난 것이 아니요 하나님의 선물이라 행위에서 난 것이 아니니 이는 누구든지 자랑하지 못하게 함이라 (엡 2:8-9)

믿음은 내가 만들어 내는 것이 아니라 하나님이 주시는 것입니다. 믿음의 주체는 하나님이지 내가 아닙니다. 이 관계를 기반으로 하는 공동체는 내가 다른 사람보다 낫다고 여기지 않습니다. 진정한 인권과 평등의 기초입니다. 거룩의 참된 근원입니다.

하박국 선지자는 이런 질문으로 시작했습니다. "왜 세상이 이 모양입니까? 이스라엘이 아무리 잘못했더라도 어떻게 바벨론을 들어 이들을 심판하십니까?" 이 질문의 핵심은 이런 것입니다. "거룩을 회복하기 위해 어떻게 거룩과 무관한 자들을 쓰려고 하십니까?" "정의를 회복하기 위해 어떻게 불의한 자들을 사용하겠다고 하십니까?" 그는 그 질문을 붙들고 하나님과 끝까지 씨름했고, 마침내 찬양이 터져 나오는 자리에까지 이르게 됩니다.

믿는 자에게는 변화가 따른다

사도 바울은 "복음에는 하나님의 의가 나타나서 믿음으로 믿음에 이르게 하나니 기록된 바 오직 의인은 믿음으로 말미암아 살리라 함과 같으니라"(롬 1:17)라고 고백한 바 있습니다. 의로워지는 관계는 믿음으로만 얻을 수 있습니다. 믿음의 사람들이 올바로 믿을 때, 하나님 나라의 질서가 회복되는 것을 경험할 수 있습니다. 이것을 안 사도 바울이 그런 놀라운 고백을 한 것입니다. 또한 이 고백은 하박국 선지자가 하나님께 질문하여 얻은 답이기도 합니다(합 2:4).

복음에는 하나님의 의가 나타났고, 이 의는 예수 그리스도를 통해 우리에게 드러났습니다. 우리는 이 복음을 받아들임으로써 의로움을 회복했고, 이제는 그 믿음 위에서 살아갑니다. 이 믿음은 내 안에서 만들어진 것이 아니라 예수 그리스도로부터 주어진 것이기에 확정된 믿음입니다. 바울은 이것을 갈라디아서에서 조금 더 자세하게 설명합니다.

> 사람이 의롭게 되는 것은 율법의 행위로 말미암음이 아니요 오직 예수 그리스도를 믿음으로 말미암는 줄 알므로 우리도 그리스도 예수를 믿나니 이는 우리가 율법의 행위로써가 아니고 그리스도를 믿음으로써 의롭다 함을 얻으려 함이라 율법의 행위로써는 의롭다 함을 얻을 육체가 없느니라 (갈 2:16)

인간은 자기중심적으로 살아가며, 스스로를 구원할 수 없습니다. 오직 예수 그리스도를 주로 고백하고, 우리 주권을 그 앞에 내려놓을 때 우리는 하나님과 올바른 관계, 곧 의로운 관계에 들어가게 됩니다.

믿음이란 하나님을 하나님으로 인정하는 것입니다. 가정에서 왜 부부 싸움이 끊이지 않습니까? 서로 자기가 주인 노릇을 하려고 하기 때문입니다. 사실, 내가 주인 노릇을 하지 않으면 문제될 것이 없습니다.

신앙이란 머릿속 지식이 아니라 삶의 질서가 변화되는 것입니다. 하나님의 의를 따르려는 사람들은 이 세상에서 끊임없이 부딪히게 됩니다. 예를 들어, 뇌물 받는 것이 관행이 된 현실 속에서 "나는 뇌물을 받지 않겠다"라고 선언해 보십시오. 정말 의롭다며 손뼉 쳐 줄 사람이 있겠습니까? 없습니다. 오히려 고립되고, 왕따당하고, 조직에서 밀려날 것입니다. 예수님은 천국 시민의 복에 관해 이렇게 말씀하셨습니다.

> 의를 위하여 박해를 받은 자는 복이 있나니 천국이 그들의 것임이라 나로 말미암아 너희를 욕하고 박해하고 거짓으로 너희를 거슬러 모든 악한 말을 할 때에는 너희에게 복이 있나니 기뻐하고 즐거워하라 하늘에서 너희의 상이 큼이라 너희 전에 있던 선지자들도 이같이 박해하였느니라 (마 5:10-12)

이것이 복입니다. 직장 생활을 하다가 하나님의 기준 때문에 세상과 부딪힌 경험이 없다면 문제 있는 것입니다. 저는 예수님을 믿고 나서 제일 먼저 부딪힌 것이 담배 문제였습니다. 회사에 들어가면 담배 연기 때문에 숨을 쉴 수가 없었습니다. 당시 언론사들은 다 그런 모습이었습니다. 사무실 전체가 늘 담배 연기로 가득했지요. 제가 담배를 피울 때는 그런 게 아무 문제가 되지 않았지만, 예수님을 영접한 뒤 담배를 끊고 나니 숨 쉴 수가 없었습니다. 그래서 흡연실을 따로 만들자고 했다가 박수받은 게 아니라 미쳤다는 소리를 들었습니다. 그래도 우여곡절 끝에 따로 흡연실을 두는 결정이 내려졌습니다. 하지만 그마저도 제가 다른 데로 발령나면서 흡연실이 사라지고 말았습니다. 이런 게 예수님을 믿고 나서 겪은 일들입니다.

예수를 믿는다면, 삶에 작은 변화 하나쯤은 있어야 하지 않겠습니까? 의인은 믿음으로 삽니다. 그런데 세상이 더 나빠지는 이유는 그리스도인들이 그리스도인답게 살지 않기 때문입니다. 중세 시대와 다를 게 없습니다. 마르틴 루터가 종교 개혁을 시작하며 제시한 5대 강령을 기억하십시오. 첫째, 솔라 스크립투라(Sola Scriptura) '오직 성경으로', 둘째, 솔루스 크리스투스(Solus Christus) '오직 그리스도로', 셋째, 솔라 그라티아(Sola Gratia) '오직 은혜로', 넷째 솔라 피데(Sola Fide) '오직 믿음으로', 다섯째, 솔리 데오 글로리아(Soli Deo Gloria) '오직 하나님께 영광'입니다. 이 다섯 가지가 바로 하박국이 씨름을 통해 얻은 믿음의 열매이자 우리 신앙의 핵심입니다.

바벨론의 침공을 예견한 하박국은 몸서리치듯 두려움을 느끼며 이렇게 말했습니다.

내가 들었으므로 내 창자가 흔들렸고 그 목소리로 말미암아 내 입술이 떨렸도다 무리가 우리를 치러 올라오는 환난 날을 내가 기다리므로 썩이는 것이 내 뼈에 들어왔으며 내 몸은 내 처소에서 떨리는도다 (합 3:16)

그럼에도 불구하고, 그는 믿음으로 사는 삶을 택합니다. 그의 고백이 이어집니다.

비록 무화과나무가 무성하지 못하며 포도나무에 열매가 없으며 감람나무에 소출이 없으며 밭에 먹을 것이 없으며 우리에 양이 없으며 외양간에 소가 없을지라도 나는 여호와로 말미암아 즐거워하며 나의 구원의 하나님으로 말미암아 기뻐하리로다 (합 3:17-18)

이것이 신앙의 결국입니다. 내가 원하는 걸 얻는 것이 믿음이 아닙니다. 아무것도 없을지라도 여호와로 말미암아 즐거워하며 구원의 하나님으로 인해 기뻐하는 것이 믿음입니다. 우리 믿음은 어떠해야 하며, 우리는 왜 믿으려고 하고, 무엇 때문에 믿고자 하는가를 깊이 생각하는 시간을 갖게 되기를 축복합니다.

Q&A

Q "사람은 고쳐 쓰는 게 아니다"라는 말이 있습니다. 이
   말을 신앙적으로 어떻게 받아들여야 할까요? 정말로
   사람은 변하지 않나요?

우리는 흔히 '개선'을 '변화'로 착각합니다. 이는 근대
이후 개혁이나 진보 같은 개념들과 함께 발전한 사고방식
때문인데, 사실 이 사고는 다윈의 진화론에서 비롯되었습니
다. 진화론은 생물학뿐 아니라 사회학에도 영향을 끼쳤습니
다. 인간 사회도 점점 나아질 것이라는 믿음은 사회 진화론
(social Darwinism)에서 비롯된 것입니다.

그러나 작은 구멍가게에서 출발하여 큰 백화점으로 발
전했다고 해서 그것이 본질적으로 '진화'한 것일까요? 아닙
니다. 단지 규모가 확장된 것일 뿐 본질적인 변화가 일어난
것은 아니지요.

우리는 교육과 훈련을 통해 인간을 개선할 수 있다고 믿
지만, 교육이 아무리 뛰어나도 인간의 근본적인 본성, 곧 죄
의 본성을 바꾸지는 못합니다. 하드웨어를 아무리 업그레이
드한들 소프트웨어가 바뀌지 않으면, 결국 똑같은 문제가
반복되지 않겠습니까?

예를 들어, 인간의 영·혼·육 디바이스(device)에 하나님 나라 애플리케이션(application, 앱)을 설치한다고 해 봅시다. 앱이 설치되면 아이콘이 나타날 텐데, 바로 예수 그리스도이십니다. 그분을 터치하면, 하나님 나라가 작동되는 것이지요. 이것은 기존 앱의 성능 개선이 아닙니다. 앱을 설치함으로써 전혀 다른 차원으로 업그레이드되는 것입니다. 전혀 새로운 피조물로 거듭나는 것입니다.

신앙의 발전은 바로 이 본질적인 내면의 변화, 즉 새로운 운영 체계의 전환을 의미합니다. 예수님은 이것을 가리켜 '거듭남'이라 부르셨습니다. 예수 그리스도를 믿는다는 것은 단순히 더 나은 사람이 되는 것이 아니라 완전히 새로운 존재로 다시 태어나는 일입니다.

사도 바울은 "누구든지 그리스도 안에 있으면 새로운 피조물이라 이전 것은 지나갔으니 보라 새것이 되었도다"(고후 5:17)라고 선언한 바 있습니다. '새것이 되었다는 것'은 개선이나 발전이 아니라 본질적인 변화를 의미합니다. 이것이 복음의 핵심입니다.

하나님은 우리를 '고쳐 쓰시는' 분이 아니라 '죽였다가 다시 살리시는 분'입니다. 그래서 바울이 "나는 날마다 죽노라"(고전 15:31)라고 고백한 것 아닙니까? 믿음의 여정은 단 한 번의 결단으로 완성되는 것이 아니라 날마다 옛사람을 죽이고 새 사람으로 거듭나는 과정을 통해 이루어집니다.

사람은 개선되어야 할 존재가 아니라 죽었다가 다시 살아나야 할 존재이고, 교회는 세상 질서의 개선을 추구하는 곳이 아니라 창조 질서의 회복을 추구하는 곳입니다. 그러므로 사람에게 요구되는 것은 진화(evolution)가 아닌 변혁(revolution)이고, 이것은 단순한 변화(change)가 아닌 변신(transformation)을 의미합니다.

Q 제 아내는 교훈적인 설교는 좋아하지만, 죄나 죽음에 관한 설교는 이해하기 힘들다면서 듣기 불편해합니다. 성경도 잘 이해하지 못하겠다고 합니다. 어떻게 도와주면 좋을까요?

무엇보다 먼저 아내가 성령 세례를 받게 해 달라고 기도해 주십시오. 예수님은 니고데모에게 "진실로 진실로 네게 이르노니 사람이 거듭나지 아니하면 하나님의 나라를 볼 수 없느니라"(요 3:3)라고 말씀하셨습니다. 신앙은 이성이나 지식으로는 이해되지 않습니다. 성경은 "빛이 어둠에 비치되 어둠이 깨닫지 못하더라"(요 1:5)라고 말합니다. 성령이 빛으로 임하셔야만 진리가 보이기 시작한다는 뜻입니다.

성령이 임하시지 않으면 성경을 이해하기가 어렵고, 설교가 불편하게 들립니다. 억지로 이해시키려고 하거나 정죄하거나 비판해서는 아무 유익이 없습니다. 성령이 임하시면 말씀을 향한 갈급함이 자연스럽게 생기고, 이해가 깊어집니

다. 억지로 시켜서 되는 일이 아니라 성령의 역사로 영안이
열리는 것입니다.

　가장 좋은 방법은 사랑으로 품고 기다리는 것입니다.
그러니 아내를 위해 조용히 기도해 주십시오. 하나님의 때
에 하나님의 방법으로 이루어 주실 것을 믿습니다. 부디 조
급해하지 말고 사랑으로 섬기며 기도로 동행해 주십시오.

8

네 믿음이 구원하였다

예수께서 이 말씀을 하실 때에 한 관리가 와서 절하며 이르되 내 딸이 방금 죽었사오나 오셔서 그 몸에 손을 얹어 주소서 그러면 살아나겠나이다 하니 예수께서 일어나 따라가시매 제자들도 가더니 열두 해 동안이나 혈루증으로 앓는 여자가 예수의 뒤로 와서 그 겉옷 가를 만지니 이는 제 마음에 그 겉옷만 만져도 구원을 받겠다 함이라 예수께서 돌이켜 그를 보시며 이르시되 딸아 안심하라 네 믿음이 너를 구원하였다 하시니 여자가 그 즉시 구원을 받으니라 예수께서 그 관리의 집에 가사 피리 부는 자들과 떠드는 무리를 보시고 이르시되 물러가라 이 소녀가 죽은 것이 아니라 잔다 하시니 그들이 비웃더라 무리를 내보낸 후에 예수께서 들어가사 소녀의 손을 잡으시매 일어나는지라 그 소문이 그 온 땅에 퍼지더라 | 마9:18-26 |

예수님은 이 땅에 오셔서 많은 기적을 베푸셨습니다. 그저 놀라운 일을 보여 주시기 위함이 아니었습니다. 예수님은 기적을 통해 복음의 메시지, 메시아의 진정성을 드러내고자 하셨습니다.

예수님이 베푸시는 기적들에는 전하고자 하시는 메시지가 담겨 있습니다. 예를 들어, 오병이어의 기적에는 "내가 곧 생명의 떡이니라"(요 6:48)라는 메시지가, 가나 혼인 잔치에서 베푸신 물로 포도주를 만든 기적에는 예수님은 단순한 변화가 아닌 본질적인 변혁을 일으키시는 분이라는 메시지가 담겨 있습니다.

예수님은 병자를 많이 고치셨습니다. 맹인이 보며 못 걷는 사람이 걸으며 나병환자가 깨끗함을 받으며 귀먹은 사람이 들으며 죽은 자가 살아나는 기적까지 베푸셨습니다(눅 7:22). 그러나 이런 것들이 예수님을 이단으로 몰아 십자가에 못 박고자 하는 자들에게 빌미가 되기도 하였습니다.

사람들은 주님이 전하고자 하신 메시지보다 기적에 더 큰 관심을 보였습니다. 그래서 주님은 기적을 베푼 이야기를 동네방네 퍼뜨리지 말라고 당부하셨는데, 이는 자칫하면 메시아 사역의 진정성이 오해받거나 본질이 왜곡되어 전해질 수 있기 때문입니다.

진정한 믿음이 하는 일

어느 날, 한 관리가 예수님을 찾아와서 절하며 "내 딸이 방금 죽었사오나 오셔서 그 몸에 손을 얹어 주소서 그러면 살아나겠나이다"(마 9:18)라고 청하였습니다. 이 이야기는 마가복음과 누가복음에도 실려 있는데, 회당장 야이로가 청한 것으로 기록되어 있습니다(막 5:21-43; 눅 8:40-56). 마태복음은 회당장 야이로의 딸이 방금 죽었다고 쓴 반면, 마가복음과 누가복음은 죽게 되었다거나 죽어 간다고 표현했습니다(막 5:23; 눅 8:42).

회당장 야이로는 왜 예수님을 찾아왔을까요? 예수님이 자기 딸을 고쳐 주실 수 있다고 믿었기 때문입니다. 믿음이 없다면 찾아왔겠습니까? 그가 믿음으로 예수님께 간청하자 예수님이 그의 집으로 함께 가십니다.

그런데 가는 도중에 뜻밖의 사건이 벌어집니다. 12년 동안 혈루증을 앓던 한 여인이 나타나 예수님의 겉옷 가를 몰래 만진 것입니다. 혈루증은 지속적인 출혈이 있는 병으로, 율법에 따라 부정하다고 여겨졌습니다. 그때 예수님이 "능력이 자기에게서 나간 줄을 곧 스스로 아시고 무리 가운데서 돌이켜 말씀하시되 누가 내 옷에 손을 대었느냐"(막 5:30)하고 물으셨습니다.

우리는 목표가 생기면 그것을 향해 직진합니다. 그래서

그 길을 가로막는 무엇인가가 나타나면, 짜증이나 분노가 일기 쉽습니다. 그러나 예수님은 그러지 않으셨습니다. 하나님께 삶의 주도권을 완전히 맡기셨기에 방해받는 것처럼 보이는 일에도 짜증 내지 않으셨고, 분노하지 않으셨습니다.

여인은 화들짝 놀라서 자신의 정체를 밝힙니다. 혈루증을 앓는 여인이 사람 많은 곳에서 예수님의 옷자락을 만졌다는 것은 당시로서는 큰 충격이었습니다. 그런데 예수님은 사람들에게 외면당하고 멸시받던 여인에게 "딸아 안심하라 네 믿음이 너를 구원하였다"(마 9:22)라고 말씀하십니다.

이때 예수님이 "네 믿음이 너의 병을 고쳤느니라"라고 말씀하시지 않고, "네 믿음이 너를 구원하였다"라고 말씀하신 것에 주목해야 합니다. 여인이 무엇 때문에 예수님께 가까이 나아갔습니까? 자기 병을 고치기 위해서입니다. 그런데 예수님의 관심은 병 너머에 있는 구원에 있습니다. 병이 낫는 것은 구원의 작은 징표일 뿐입니다. 병이 나아도 다시 병들 수 있습니다. 그러나 구원은 영원한 생명에 관한 일입니다.

이제 예수님이 회당장 야이로의 집에 도착하십니다. 이곳에서 어떤 일이 일어났습니까?

예수께서 그 관리의 집에 가사 피리 부는 자들과 떠드는 무리를 보시고 이르시되 물러가라 이 소녀가 죽은 것이 아니라 잔다 하시니 그들이 비웃더라 무리를 내보낸 후에 예수께서 들어가사 소녀의 손을 잡으시매 일어나는지라 그 소문이 그 온 땅에 퍼지더라 (마 9:23-26)

예수님이 무리를 내보내시고 방 안으로 들어가서 소녀의 손을 잡으셨습니다. 그러자 소녀가 일어났습니다. 소녀가 예수님께 고쳐 달라고 말했습니까? 예수님께 믿음을 고백했습니까? 아닙니다. 소녀는 어떤 말이나 행동도 하지 않았습니다. 소녀는 이미 죽은 상태였기 때문입니다.

그렇다면 누구의 믿음이 기적을 불러일으켰습니까? 예수님께 나아가 믿음을 고백하며 간절히 청한 것은 바로 소녀의 아버지, 회당장 야이로입니다. 예수님은 그의 믿음을 보시고 소녀에게 다가가 손을 잡으셨고, 그 덕분에 소녀가 일어났습니다.

믿음의 목적은 기적이 아닌 구원

회당장 야이로와 딸의 이야기는 앞서 등장한 중풍병자와 친구들 이야기와 비슷합니다.

> 침상에 누운 중풍병자를 사람들이 데리고 오거늘 예수께서 그들의 믿음을 보시고 중풍병자에게 이르시되 작은 자야 안심하라 네 죄 사함을 받았느니라 (마 9:2)

이때도 중풍병자는 말이 없었습니다. 걷게 해 달라는 요구도 없었고, 믿음을 고백한 적도 없었습니다. 오히려 믿음을 보인 건 그를 데려온 친구들입니다. 예수님은 그들의 믿음을 보시고, 중풍병자에게 죄 사함을 선포하셨습니다. "네 친구들의 믿음 덕분에 네가 이제 일어나 걷게 될 것이다"라고 말씀하시지 않았습니다.

두 사건은 우리에게 중요한 질문을 던집니다. 도대체 믿음이란 무엇입니까? 어떤 경우엔 친구의 믿음을 보고 고쳐 주시고, 어떤 경우엔 아버지의 믿음을 보고 죽은 아이를 살리십니다. 또 어떤 경우엔 눈먼 사람 자신의 믿음 덕분에 눈을 뜨게 하십니다. 예수님이 기적을 베푸시는 데는 어떤 공식이 있는 걸까요? 공식에 따라 누구의 믿음은 보시고, 어떤 믿음은 외면하시는 겁니까?

여기에 눈여겨볼 대목이 있습니다. 소녀를 일으키셨다

는 표현은 단순한 병 고침을 넘어서 '부활'을 암시한다는 것입니다. 죽은 자를 일으키는 사건은 곧 구원의 본질을 보여주는 것입니다.

그렇다면 다시 묻습니다. 과연 '구원'이란 무엇입니까? 예수님은 "네 믿음이 너를 구원하였느니라"(막 10:52; 눅 17:19) 또는 "네 믿은 대로 될지어다"(마 8:13)와 같이 말씀하시곤 했습니다. 믿음과 구원의 관계를 제대로 이해하지 않으면, 이런 말씀을 들을 때 믿음과 구원이 평행선을 걷거나 서로 엇갈리거나 충돌하거나 전혀 상관없는 것으로 오해할 수 있습니다.

그리스도인의 신앙의 목적은 결국 예수님을 바르게 믿는 것입니다. 잘 믿는다는 것은 '정확히' 그리고 '바르게' 믿는다는 뜻입니다. 사도 바울도 처음에는 예수님을 적대하던 사람이었습니다. 그러나 다메섹 도상에서 예수님의 음성을 듣고는 "이분이 메시아가 맞구나" 하고 깨달았습니다. 이것이 그의 구원의 시작이었습니다.

그렇습니다. 그분이 누구신지를 아는 것이 바로 구원입니다. 예수님은 하늘을 우러러 "영생은 곧 유일하신 참 하나님과 그가 보내신 자 예수 그리스도를 아는 것이니이다"(요 17:3)라고 기도하신 바 있습니다. 즉 예수 그리스도를 아는 것이 영생이요, 영생을 얻는 것이 구원입니다.

히브리서 기자는 "한번 죽는 것은 사람에게 정해진 것이요 그 후에는 심판이 있으리니"(히 9:27)라고 말했고, 예수님은 "내 말을 듣고 또 나 보내신 이를 믿는 자는 영생을 얻었고 심판에 이르지 아니하나니 사망에서 생명으로 옮겼느니라"(요 5:24)라고 말씀하셨습니다.

예수를 믿는다는 것은 결국 사망에서 생명으로 옮겨져 심판에 이르지 아니하는 것이고, 영생을 얻는 것이며, 이것이 구원입니다. 우리는 영생을 얻기 위해서는 믿음으로 죄 사함을 받아야 합니다. 그러므로 구원의 열쇠는 바로 죄 사함입니다.

사도 바울은 구원을 이렇게 정리합니다.

너희는 그 은혜에 의하여 믿음으로 말미암아 구원을 받았으니 이것은 너희에게서 난 것이 아니요 하나님의 선물이라 (엡 2:8)

기가 막힌 정리입니다. 구원은 은혜로 받고, 믿음은 그 은혜를 받아들이는 통로라는 것입니다. 이 구절을 영어 성경(NIV)은 이렇게 번역했습니다.

For it is by grace you have been saved, through faith-and this is not from yourselves, it is the gift of God- (Eph. 2:8)

우리는 은혜로(by grace) 구원을 받지만, 믿음을 통해(through faith) 그 구원이 내 안에 들어오는 것입니다. 이 개념을 어떻게 하면 좀 더 쉽게 전달할지 고민하다가 전기 스위치를 떠올렸습니다. 전등은 전기로 인해 빛이 납니다. 그런데 스위치를 누르지 않으면, 전기를 아무리 공급해도 불이 들어오지 않습니다. 빛은 전기의 힘으로 들어오는 것이지 스위치 자체가 불을 만들어 내는 것은 아닙니다. 그럼에도 스위치를 눌러야만 빛이 들어옵니다.

　믿음은 스위치를 누르는 행위입니다. 하나님과 예수님이 이미 연결되어 있다는 사실, 구원이 준비되어 있다는 사실을 아는 것이 믿음입니다. 예수님은 이 믿음을 위해 오셨습니다. 믿음으로 예수님과 접속할 때, 어둠은 떠나가고 빛이 임합니다. 죄가 떠나고 생명이 임합니다. 이것이 구원의 본질입니다.

주님과 매일 접속하는 것이 믿음의 삶

기적을 통해 병이 나을 수 있습니다. 그러나 병이 나았다고 해서 구원을 받은 것은 아닙니다. 반대로, 병이 낫지 않아도 구원을 받을 수 있습니다. 기적은 메신저의 메시지가 참됨을 증명하는 하나의 수단일 뿐인데도, 사람들은 기적을 더 좋아합니다.

예수님은 기적을 베풀기 위해 오신 분이 아닙니다. 오죽하면 기적 베풀기를 멈추셨겠습니까? 기적이 믿음에 별 도움이 안 되는 걸 아셨기에 우리의 신앙이 예수님과 접촉되는 사건을 위해서 예수님은 "너는 나를 본 고로 믿느냐 보지 못하고 믿는 자들은 복되도다"(요 20:29)라고 하셨습니다. 말씀을 믿는 것이 믿음입니다.

예수님은 기적의 수행자가 아니라 우리를 죄에서 자유케 하시는 구속자요 죄 사함을 위한 구원자이시라는 사실을 기억하십시오. 예수님이 중풍병자에게 하신 말씀을 기억합니까? "작은 자야 안심하라 네 죄 사함을 받았느니라"(마 9:2)라고 하셨지요. 이 말을 들은 서기관들은 신성모독이라며 마음에 악한 생각을 품었습니다. 그러자 예수님이 그 생각을 아시고 이렇게 물으셨습니다.

네 죄 사함을 받았느니라 하는 말과 일어나 걸어가라 하는 말 중에 어느 것이 쉽겠느냐 (마 9:5)

그렇습니다. 예수님은 단지 병을 고치러 오신 것이 아니라 우리를 죄에서 건져 구원하시기 위해 이 땅에 오셨습니다.

우리의 기도 제목이 얼마나 많습니까? 좋은 직장, 좋은 결혼, 나은 형편 등 결국은 "조금 더 나아지게 해 주세요"라는 기도를 많이 합니다. 주님은 "인자는 머리 둘 곳이 없다"(마 8:20)라고 하셨는데 그분한테 "아파트 한 채만 주세요" 한다면 뭔가 앞뒤가 맞지 않는 것 아닙니까? 이 땅에서 33년을 사신 예수님에게 일흔 살 넘은 사람이 히스기야처럼 "15년만 더 살게 해 주십시오" 하고 기도한다면, 주님이 "너는 나보다 두 배나 더 살고도 그러느냐?" 묻지 않으시겠습니까?

제대로 믿는 것은 예수님이 누구신지를 아는 것입니다. 주님을 아는 것이 영생이며 주님과 매일 접속하는 것이 믿음의 삶입니다. 접속은 예수님의 말씀을 기억하는 데서 시작됩니다.

예수님은 "나의 계명을 지키는 자라야 나를 사랑하는 자니 나를 사랑하는 자는 내 아버지께 사랑을 받을 것이요 나도 그를 사랑하여 그에게 나를 나타내리라"(요 14:21)라고 말씀하셨습니다. 또한 "너희가 내 안에 거하고 내 말이 너희 안에 거하면 무엇이든지 원하는 대로 구하라 그리하면 이루리라"(요 15:7)라고 약속하셨습니다.

우리가 믿음으로 구해야 할 것은 무엇입니까? 본질적으로 죄 사함을 위한 기도여야 합니다. 그런데 죄 사함은 우리 힘으로 받을 수 없지요. 예수님은 죄 사함의 보증을 위해 성령을 보내 주겠다고 약속하셨으니, 성령이 우리 안에 들어

오시면 죄 사함의 인 치심을 받은 것입니다. 그러니 아무리 아프더라도, 아무리 힘들더라도 주님께 기도할 때는 "죄에서 놓임 받게 해 주십시오. 죄에서 자유케 해 주십시오. 진리 안에서 자유하게 해 주십시오. 예수님을 아는 지식이 더욱더 자라게 해 주십시오. 은혜와 진리가 더욱 풍성하게 해 주십시오"라고 청해야 합니다. 이것이 그리스도인이 되는 길이요 그리스도인의 참다운 신앙입니다.

우리의 형편과 처지가 좀 더 나아진다고 해서 본질적으로 달라질 건 아무것도 없습니다. 죄인은 돈 벌면 더 큰 죄를 짓고, 아프다가 나으면 또 다른 죄를 짓고, 힘이 없다가 생기면 더 강력한 죄를 짓고, 무식하다가 유식해지면 더 교활한 죄를 지을 뿐입니다. 그러니 거듭 말하거니와 먼저 죄 사함을 구하십시오.

성령 세례 받기를 축복합니다. 날마다 성령 충만하기를 축복합니다. 그리하여 이 땅 가운데서 그리스도의 형상을 회복하는 믿음의 형제자매가 되기를 축복합니다.

Q&A

Q 믿음과 맹신의 차이는 무엇입니까?

믿음과 맹신은 전혀 다릅니다. 겉보기에는 큰 믿음으로 보여도 실제로는 자기 확신에 불과할 수 있습니다. 예를 들어, "나는 못 할 게 없다"라는 확신은 신념이 강한 것으로 보이지만, 이는 자기 자신에 대한 믿음일 뿐 하나님을 향한 믿음은 아닙니다.

믿음의 핵심은 내가 얼마나 믿느냐가 아니라 누구를 믿느냐입니다. 믿음의 대상이 예수님이어야 참된 믿음이지, 내가 바라는 결과나 소망을 믿는 것은 기대나 고집에 불과합니다.

사도 바울도 그의 병을 고쳐 달라고 세 번이나 간절히 기도했지만, 주님은 "내 은혜가 네게 족하도다"(고후 12:9)라고만 말씀해 주셨습니다. 믿음은 하나님의 주권을 인정하고, 내가 원하는 대로가 아닌 하나님이 원하시는 방식과 시간에 역사하시도록 전적으로 맡기는 태도입니다.

결국, 믿음은 관점의 전환입니다. 나 중심의 관점에서 하나님의 관점으로 옮겨 가는 것입니다. 인간의 관점에서 하나님의 시각으로 바뀌는 것입니다. 위에서 내려다보면 우리가 얼마나 자기중심적인지 분명히 보입니다.

예수님은 햇빛이 악인과 의인에게 고루 비치듯 우리 모두를 다 같이 사랑하십니다. 우리는 한 사람을 사랑하면 다른 사람을 사랑하기가 어렵지만, 주님의 사랑은 무한하기에 모두를 동시에 사랑하실 수 있습니다.

이것이 바로 신앙의 관점 전환이며, 거듭남의 본질입니다. 즉 내가 세상의 중심이 아니라 예수님이 중심이라는 사실을 받아들이는 것이 믿음입니다. 반면 맹신은 여전히 자기중심에서 벗어나지 못하는 고집이며 하나님을 통제하려는 마음가짐입니다.

진짜 믿음은 환자가 의사를 전적으로 신뢰하고 수술대에 오르듯 모든 결과를 주님께 맡기는 태도입니다. 그러나 우리는 종종 주님께 다 맡기겠다고 말하면서도 원하는 결과대로 이루어지도록 "이렇게 해 주세요, 저렇게 해 주세요"라고 기도하곤 합니다. 이것은 신뢰가 아니라 통제입니다.

믿음은 주님이 어떻게 하시든 따르겠다는 고백입니다. 주님이 내 삶의 주인이시라면, 그분이 어떤 길로 인도하시든 그 길을 따르십시오. 믿음은 내가 주도권을 쥐고 내 뜻을 기어코 관철하는 것이 아닙니다. 예수님이 누구신지를 알고, 주님께 자신을 전적으로 맡기며, 주님의 뜻을 따르기로 결단하는 것이야말로 진짜 믿음입니다.

Q 믿음이라는 스위치를 누름으로써 구원이 완성된다
   면, 이것은 행위 구원, 즉 우리의 행함으로 구원을 얻
   는 것이 아닐까요?

아주 신학적인 질문입니다. 성경은 분명히 오직 믿음으
로 구원을 받는다고 선언합니다. 사도 바울은 "너희는 그 은
혜에 의하여 믿음으로 말미암아 구원을 받았으니 이것은
너희에게서 난 것이 아니요 하나님의 선물이라 행위에서
난 것이 아니니 이는 누구든지 자랑하지 못하게 함이라"(엡
2:8-9)라고 말했습니다.

그러나 참된 믿음은 반드시 행위로 드러납니다. 이에 대
해 야고보는 "영혼 없는 몸이 죽은 것같이 행함이 없는 믿음
은 죽은 것"(약 2:26)이라고 명확히 말했습니다.

행위는 구원의 조건이 아니라 구원의 결과요 열매입니
다. 진짜로 믿었다면, 삶의 방향과 행동이 변화되기 마련입
니다. 즉 믿음이라는 스위치를 누르는 행위는, 자기 행위로
구원을 얻는다는 의미가 아니라 이미 주어진 은혜에 반응하
는 표현인 것입니다.

예수님은 공생애 동안 가르치고, 치유하고, 복음을 전하
는 일을 하셨습니다. 모든 사역은 믿음과 연결되어 있습니
다. 예수님은 믿음을 통로로 삼아 하나님의 능력을 나타내
보이셨고, 우리가 믿음으로 반응할 때 변화가 일어났습니다.

이처럼 믿음 없이는 아무 일도 일어나지 않습니다. "믿

음이 없이는 하나님을 기쁘시게 하지"(히 11:6) 못하고, 하나님의 은혜를 누릴 수도 없습니다. 구원은 믿음으로 받습니다. 다만 그 믿음이 진짜라면, 반드시 순종과 사랑의 삶으로 드러날 것입니다.

제대로 믿는 것은 예수님이
누구신지를 아는 것입니다.
주님을 아는 것이 영생이며
주님을 매일 접속하는 것이
믿음의 삶입니다.

9

교회를 괴롭히는 믿음

또 자기를 의롭다고 믿고 다른 사람을 멸시하는 자들에게 이 비유로 말씀하시되 두 사람이 기도하러 성전에 올라가니 하나는 바리새인이요 하나는 세리라 바리새인은 서서 따로 기도하여 이르되 하나님이여 나는 다른 사람들 곧 토색, 불의, 간음을 하는 자들과 같지 아니하고 이 세리와도 같지 아니함을 감사하나이다 나는 이레에 두 번씩 금식하고 또 소득의 십일조를 드리나이다 하고 세리는 멀리 서서 감히 눈을 들어 하늘을 쳐다보지도 못하고 다만 가슴을 치며 이르되 하나님이여 불쌍히 여기소서 나는 죄인이로소이다 하였느니라 내가 너희에게 이르노니 이에 저 바리새인이 아니고 이 사람이 의롭다 하심을 받고 그의 집으로 내려갔느니라 무릇 자기를 높이는 자는 낮아지고 자기를 낮추는 자는 높아지리라 하시니라 | 눅 18:9-14 |

이스라엘은 예수님이 오시기 전까지 2천 년 동안 하나님을 믿고 살아왔던 민족입니다. 2백 년도 아니고 2천 년이나 하나님을 믿었는데, 한마디로 만신창이가 되어 버렸습니다. 그들의 믿음이 얼마나 엇나갔던지, 하나님은 그들을 앗수르와 바벨론에 포로로 보내시어 70년씩 살게 내버려두실 정도였습니다.

그러고 나서 예수님이 오셨습니다. 하나님을 2천 년이나 믿고 살았던 백성들에게 오셨습니다. 예수님은 하나님의 백성을 이른바 해로운 믿음의 늪에서 건져 제대로 된 믿음의 길로 인도하셨습니다. 하나님을 알지 못하던 우리는 불신앙에서 건져져서 구원받았지만, 이스라엘 백성들은 스스로 잘 믿는다고 생각한 데서 건져져야 했습니다.

"나는 의롭다. 내가 하나님을 얼마나 잘 믿는지 보아라. 나처럼만 해 봐라!" 하며 목을 곧게 세운 사람들에게 예수님이 경종을 울리십니다. 비유로 들려주시지만, 당시에 실제로 있었던 일이기도 합니다.

믿음으로 사람을 무너뜨리는 일

　　예수님 시대에 바리새인은 가장 신앙이 좋은 사람들로 여겨졌습니다. 그런데 이들이 얼마나 자기 의를 드러내며 생색을 냈는지를 보면 실소하게 됩니다. 성전에 들어갈 때 큰돈을 손에 들고 와서는 기도하면서 헌금함에 넣었습니다. 렙돈 따위는 소리가 잘 나지 않았을 것입니다. 금화나 은화처럼 값비싼 동전을 넣어야 쩽그렁쩽그렁 소리 나지 않았겠습니까! 사람들의 이목을 끌기에 딱 좋았을 것입니다.

　　예수님은 이처럼 겉만 번지르르하게 경건한 신앙을 비유로써 신랄하게 지적하십니다. 두 사람이 기도하러 성전에 올라갔는데, 하나는 바리새인이요 다른 하나는 세리였습니다. 문제는, 바리새인의 눈에 세리는 성전에 들어와선 안 될 사람이었다는 것입니다. 그의 기준에서 세리나 창녀 같은 사람은 감히 성전에 들어올 수 없는 존재들이었던 것입니다.

　　오늘날에도 이와 비슷한 일이 벌어지지 않습니까? 범죄자나 성소수자는 교회 문턱을 넘어선 안 된다고 말하는 사람들이 있습니다. 정말 그럴까요? 예수님이 보시면 뭐라고 하실까요?

　　예수님은 바리새인이 헌금함 앞에서 드리는 기도 소리를 듣고 분노하셨습니다.

　　하나님이여 나는 다른 사람들 곧 토색, 불의, 간음을 하는 자들과 같지 아니하고 이 세리와도 같지 아니함을 감사하나이다… 나는 이레에 두 번씩 금식하고 또 소득의 십일조를 드리나이다 (눅 18:11-12)

이 사람이 하나님께 감사하는 이유는 자신이 다른 사람들과 같지 않기 때문입니다. 남들은 하지 않는 금식을 일주일에 두 번씩 하고, 십일조를 철저히 드리는 만큼 남다른 신앙인으로 자부하는 것입니다.

그런데 같은 시간에 세리는 멀찍이 서서 감히 눈을 들어 하늘을 올려다보지도 못한 채 조용히 가슴을 치며 이렇게 기도했습니다.

하나님이여 불쌍히 여기소서 나는 죄인이로소이다 (눅 18:13)

이 짧은 기도가 전부입니다. 세리는 하나님 앞에 죄인임을 스스로 고백하고, 긍휼을 구하는 기도를 드렸습니다.

이제 예수님이 과연 누가 의로운지 판결을 내리십니다.

내가 너희에게 이르노니 이에 저 바리새인이 아니고 이 사람이 의롭다 하심을 받고 그의 집으로 내려갔느니라 무릇 자기를 높이는 자는 낮아지고 자기를 낮추는 자는 높아지리라 (눅 18:14)

당시에 그 말씀을 들은 바리새인들이 얼마나 분노했겠습니까? 금식이며 십일조며 율법을 다 지키며 살고 있는데, 무슨 소리냐 하지 않았겠습니까? 예수님이 그런 건 다 소용없다고 말씀하신 셈이니 부글부글 끓을 수밖에 없었을 것입니다. 결국, 이런 분노가 쌓이고 쌓여서 예수님을 십자가에 못 박고 만 것입니다.

오늘날도 마찬가지입니다. 십일조를 꼬박꼬박 하고, 온갖 헌금을 다 내고, 교회 일을 도맡아서 하며, 주일 성수를 철저히 지키는 것이야말로 좋은 신앙의 척도로 여겨질 때가 많습니다.

"저는 연휴에도 놀러 가지 않고 주일 예배를 드립니다. 본 교회에서 예배를 드리지 않고 여행을 떠난 저들과는 다른 것에 감사를 올립니다."

이런 기도를 무의식중에 드리고 있지는 않습니까? 교회를 괴롭히는 믿음은 다른 게 아닙니다. 이단도 교회를 괴롭히지만, 진짜로 괴롭히는 주범은 교회 내부에 있습니다.

교회가 무엇입니까? 교회는 하나님을 주로 고백하는 백성들의 공동체입니다. 예수님이 "나를 따르라"(마 9:9; 막 2:14; 눅 5:27; 요 1:43) 하고 부르신 사람들입니다. 교회를 괴롭힌다는 것은 바로 그 사람들을 괴롭힌다는 뜻입니다. 잘 믿는다고 자부하는 자들이 믿음 없는 자들을 밀어내고, 마음 상한 자들을 정죄합니다. 그래서 오늘날 젊은이들이 교회를 떠나는 것입니다. 그들이 왜 교회 때문에 상처받고, 교회 때문에 괴로워하고, 교회 때문에 울어야 합니까? 세상살이도 버거운데, 왜 교회가 그들의 짐이 되어야 합니까? 오히려 예수님은 그 짐을 덜어 주기 위해 오신 분 아닙니까!

회개해야 합니다. 나의 빗나간 믿음으로 예수님이 세우고자 하시는 사람을 넘어뜨려서야 되겠습니까? 내 믿음으로 사람을 살리고 있는지, 아니면 괴롭히고 있는지 스스로 돌아보아야 합니다. 내 열심으로 교회를 섬기고 있는지, 아니면 흔들고 있는지 스스로 돌아보아야 합니다.

믿으면서 진짜 기쁨, 참자유를 누리는가

예수님이 말씀하십니다.

인자가 온 것은 섬김을 받으려 함이 아니라 도리어 섬기려 하고 자기 목숨을 많은 사람의 대속물로 주려 함이니라 (막 10:45)

예수님은 섬김을 받으러 오신 것이 아닙니다. 도리어 섬기러 오셨습니다. 나아가 자기 생명을 대속물로 내주기 위해, 곧 십자가에서 죽으시기 위해 오셨습니다.

그런데 예수님을 따른다는 사람들이 왜 자꾸 섬김을 받으려고 합니까? 처음에는 그럴 수 있습니다. 예수님을 통해 위로받고 회복하는 경험도 중요하니까 말입니다. 그러나 주님은 우리를 단지 위로받는 자로 머물러 있게 하시지 않습니다.

> 너희가 내 말에 거하면 참으로 내 제자가 되고 진리를 알지니 진리가 너희를 자유롭게 하리라 (요 8:31-32)

주님은 진리 안에서 자유하라고 우리를 부르십니다. 참 제자가 되는 길은 '말씀'에 거하는 데 있습니다. 그 말씀은 우리를 얽매는 것이 아니라 오히려 자유하게 합니다. 신앙은 억지로 짊어지는 짐이 아니라 진리 안에서 누리는 자유와 기쁨이기 때문입니다. 우리는 모두 돈, 인정, 욕망, 두려움 등 무언가에 묶인 채로 살아갑니다. 그것들이 우리를 자유롭게 해 주지 않습니다. 예수님은 오직 진리로, 오직 복음으로 우리를 자유하게 하십니다.

자유하면 기쁩니다. 노예 생활을 하다가 자유를 얻는다면, 그 기쁨은 말로 다 할 수 없지 않겠습니까? 그래서 우리 신앙은 기쁨의 신앙입니다. 박해와 고난이 있어도 그 안에 기쁨이 있습니다. 그렇기에 사도 바울은 감옥에 갇혀서도 오히려 바깥에 있는 사람들을 향해 "주 안에서 항상 기뻐하라 내가 다시 말하노니 기뻐하라"(빌 4:4)라고 권면한 것입니다. 예수님도 "내가 이것을 너희에게 이름은 내 기쁨이 너희 안에 있어 너희 기쁨을 충만하게 하려 함이라"(요 15:11)라고 말씀하신 바 있습니다.

왜 계명을 지켜야 합니까? 왜 십계명을 지켜야 합니까?

단지 규칙을 지키기 위해서가 아닙니다. 계명은 우리를 억누르기 위한 것이 아니라 우리로 참된 기쁨을 누리게 하려고 주신 것입니다. 그것들을 지켜야 우리가 진짜 기쁨을 누릴 수 있기 때문입니다. 거짓말, 도둑질, 음란, 우상 숭배 같은 것들이 우리에게 기쁨을 줍니까? 아닙니다. 잠깐 즐거운 것 같아도 결국 후회만 남을 뿐입니다. 그러나 하나님의 말씀에 순종하면, 내 안에 진짜 기쁨이 넘칩니다.

> 지금까지는 너희가 내 이름으로 아무것도 구하지 아니하였으나 구하라 그리하면 받으리니 너희 기쁨이 충만하리라 (요 16:24)

문제는 우리가 예수님의 이름이 아닌 '내 이름'으로 기도한다는 데 있습니다. 내가 원하는 것, 내가 이루고 싶은 것만 구하기에 기쁨이 없는 것입니다. 예수님은 주님의 이름으로, 그 뜻에 합당하게 구하면 기쁨이 충만해지리라고 약속하셨습니다.

> 지금 내가 아버지께로 가오니 내가 세상에서 이 말을 하옵는 것은 그들로 내 기쁨을 그들 안에 충만히 가지게 하려 함이니이다 (요 17:13)

예수님의 유언과도 같은 기도입니다. 당신이 떠나가시더라도 주의 기쁨이 우리 안에 충만하기를 원하신다는 것입니다. 이것이 예수님의 마음입니다.

그러니 웃으십시오. 입가에 미소를 머금으십시오. 아이

들이 왜 예쁩니까? 늘 웃고 있기 때문 아닙니까? 아이가 뭘 합니까? 돈을 벌기를 하나 무슨 업적을 세우기를 하나, 아무것도 할 줄 모릅니다. 그래도 아이는 그 존재만으로 기쁨입니다. 왜냐하면 아이 안에는 순전한 기쁨이 있기 때문입니다.

되레 종교인을 잘못 만나면, 기쁨 대신 근심이 가득해집니다. 무슨 건물을 짓는다, 사역한다, 봉사한다 등 늘 뭔가를 해야만 하는 부담감으로 어깨가 무거워집니다. 사도 바울도 처음에는 그런 사람이었습니다. 골병이 들 정도로 열심이었던 사람입니다. 그러나 예수님을 만나고 나서 그는 참자유를 경험했습니다. 어떤 자유입니까?

> 그러므로 이제 그리스도 예수 안에 있는 자에게는 결코 정죄함이 없나니 이는 그리스도 예수 안에 있는 생명의 성령의 법이 죄와 사망의 법에서 너를 해방하였음이라 (롬 8:1-2)

죄와 사망으로부터의 해방, 이것이 참된 자유입니다. 참자유 덕분에 바울은 고난과 죽음을 불사하고 복음을 전하는 사람이 되었습니다. 당시 헬라와 소아시아를 여행하는 것은 위험한 일이었습니다. 그는 자신이 "수고를 넘치도록 하고 옥에 갇히기도 더 많이 하고 매도 수없이 맞고 여러 번 죽을 뻔하였으니 유대인들에게 사십에서 하나 감한 매를 다섯 번 맞았으며 세 번 태장으로 맞고 한 번 돌로 맞고 세 번 파선하고 일 주야를 깊은 바다에서 지냈으며 여러 번 여행하면서

강의 위험과 강도의 위험과 동족의 위험과 이방인의 위험과 시내의 위험과 광야의 위험과 바다의 위험과 거짓 형제 중의 위험을 당하고 또 수고하며 애쓰고 여러 번 자지 못하고 주리며 목마르고 여러 번 굶고 춥고 헐벗었노라"(고후 11:23-27)라고 말합니다. 온갖 위험을 만나는데, 여행에 무슨 기쁨이 있었겠습니까?

그런데도 그는 항상 기뻐했습니다. 예수님이 참자유와 진짜 기쁨과 영원한 해방을 주시기 때문입니다. 그러므로 주님 안에서 참자유를 얻고, 진짜 기쁨을 누리십시오.

복음에 합당한 삶을 살라

예수님이 말씀하십니다.

수고하고 무거운 짐 진 자들아 다 내게로 오라 내가 너희를 쉬게 하리라 나는 마음이 온유하고 겸손하니 나의 멍에를 메고 내게 배우라 그리하면 너희 마음이 쉼을 얻으리니 이는 내 멍에는 쉽고 내 짐은 가벼움이라 하시니라 (마 11:28-30)

우리는 인생살이가 너무 고달파서 예수님께 나아갑니다. 인생의 짐이 어찌나 무거운지 주님 앞에 내려놓고만 싶습니다. 그래서 교회에 왔더니 짐을 내려놓기는커녕 오히려 더 많은 짐을 지우게 된다면 어떻겠습니까? 사역이라는 이름으로, 봉사라는 이름으로, 훈련이라는 이름으로 산더미같이 얹어 준다면 대체 무슨 기쁨이 있겠습니까? 무슨 위로가 되겠습니까?

분명히 예수님은 "수고하고 무거운 짐 진 자들아 다 내게로 오라 내가 너희를 쉬게 하리라"(마 11:28)라고 말씀하셨는데, 오늘날 교회는 이렇게 말하는 것만 같습니다. "짊어진 것 없이 편안히 사는 자들아, 다 교회로 오라. 내가 너희를 힘들게 하리라!"

예수님이 서기관들과 바리새인들을 향해 이렇게 경고하십니다.

그러므로 무엇이든지 그들이 말하는 바는 행하고 지키되 그들이 하는 행위는 본받지 말라 그들은 말만 하고 행하지 아니하며 또 무거운 짐을 묶어 사람의 어깨에 지우되 자기는 이것을 한 손가락으로도 움직이려 하지 아니하며 (마 23:3-4)

이것은 오늘날 우리에게도 똑같이 적용되는 말씀입니다. 목사의 설교는 듣되 목사가 사는 방식은 본받지 말라는 것입니다. 말은 그럴듯한데, 삶은 전혀 그렇지 않은 자들은 남에게 짐을 지우기만 할 뿐입니다. 주님은 그들에게 또 이렇게 경고하십니다.

화 있을진저 외식하는 서기관들과 바리새인이여 너희는 천국 문을 사람들 앞에서 닫고 너희도 들어가지 않고 들어가려 하는 자도 들어가지 못하게 하는도다 (마 23:13)

외식하는 서기관과 바리새인들은 자기들이 천국에 들어가지 못하니 다른 사람들도 들어가지 못하도록 막습니다. 이건 오늘날에도 그대로 적용되는 말씀 아닙니까? 주일 예배만 드리고서는 성실하게 주일 성수를 하였다고 자랑하기 전에, 과연 복음에 합당한 삶을 살고 있는가를 스스로 돌아봐야 합니다.

지금 우리가 겪고 있는 교회의 어려움이나 신앙의 혼란은 새로운 문제가 아닙니다. 초대교회 때부터 있었던 일이고, 그 이전에도 있었을 것입니다. 하나님의 이름을 부르면서 사람들을 속이고 억누르는 종교적 행태는 늘 있어 왔습니다. 어느 시대나 이단은 존재했고, '종교'라는 이름으로 수많은 사람이 미혹되었습니다.

예수님은 기독교라는 종교를 창시하러 오신 것이 아닙니다. 종교가 하도 해악을 끼치니까 되레 종교로부터 우리를 자유케 하시려고, 우리에게 생명을 주시려고 오셨습니다. 복음은 종교라는 시스템이 아니라 생명을 주는 기쁜 소식입니다.

피아니스트 임윤찬이 연주한 〈라흐마니노프 피아노협주곡 3번〉을 들어본 적 있습니까? 그는 열여덟 살에 이 난해한 곡을 연주하여 반 클라이번 국제 피아노 콩쿠르(Van Cliburn International Piano Competition)에서 역사상 최연소 우승자가 되었습니다. 클래식 음악을 잘 모르는 사람들조차 그의 연주를 듣고 눈물을 흘리며 댓글을 남긴다고 합니다. 왜 그럴까요? 순수하기 때문입니다. 그는 오직 온 마음을 담아 음악에, 그리고 듣는 이들에게 자신을 바쳤기 때문입니다.

저는 그 모습을 보며 회개했습니다. 교회가 순수한 복음을 제대로 전한다면, 성경을 한 번도 읽어 보지 않은 사람들도 눈물 흘리며 감동하지 않겠습니까? 교회 근처에도 가 본 적 없는 사람들이 예수님의 이름으로 치유받고 회복하는 역사가 일어나지 않겠습니까?

초대교회가 그랬습니다. 한때 예수님을 부인했던 베드로가 성령을 받고 복음을 전하자 어떤 일이 벌어졌습니까? 하루에 3천 명, 5천 명이 회개하는 역사가 일어났습니다. 사람들이 가슴을 치며 "형제들아 우리가 어찌할꼬"(행 2:37) 하고 예수님을 믿었습니다. 저는 교회가 그런 곳이 되어야 한다고 믿습니다.

예수님을 진실로 만나기를 바랍니다. 예수님을 만난 덕분에 우리 인생의 모든 문제가 문제 같지 않아지기를 바랍니다. 그런 우리의 삶을 보고 누군가 "나도 예수를 믿어 봐야겠다"라고 말하는 믿음의 기적이 불일 듯 일어나게 되기를 소망합니다.

Q&A

Q 내 믿음이 너무 작고 연약하다는 생각이 들 때마다 마음이 어려워집니다. 나의 믿음 없음에 괴로워하다가 무기력과 우울감에 빠지곤 합니다. 도대체 무엇이 문제일까요?

구구단도 못 외우는 사람이 갑자기 미적분 문제를 풀 수 있겠습니까? 믿음도 이와 마찬가지입니다. 성경을 읽고 기초를 쌓아야 믿음도 성장합니다. 구절구절 외우지는 못하더라도 말씀을 읽고 믿음의 토대를 쌓아야 합니다. 말씀을 읽고 예수님이 사랑이심을 깨달으면, 우리 안에서도 그 사랑이 자연스럽게 흘러나오게 되어 있습니다.

그러나 성령의 조명으로 말씀을 깨닫지 못하면, '어떻게 하면 내 믿음이 성장할까? 어떻게 하면 내 믿음을 증명할 수 있을까?' 하는 고민에 빠지게 됩니다. 이것은 믿음의 주체가 예수님이 아닌 나 자신이 되어 버렸음을 보여 줍니다.

믿음은 지식이나 봉사나 사역으로 성장하는 것이 아닙니다. 그것들은 열매에 불과합니다. 믿음의 출발점은 예수님이 내 안에 살아 계심을 아는 것입니다. 이것을 놓치면, 자기중심적인 믿음의 악순환에 빠지게 됩니다.

Q 기독교의 믿음과 다른 종교의 공덕이나 수련은 어떤
  차이가 있을까요?

불교에서는 돈오점수(頓悟漸修) 혹은 점수돈오(漸修頓悟)
라는 표현을 사용합니다. 크게 깨달은 후 점진적으로 수양
하거나, 점진적 수양 끝에 큰 깨달음에 이르거나 한다는 말
입니다.

그런데 우리 신앙은 다릅니다. 복음의 핵심은 우리가 주
님을 찾기 전에 그분이 우리를 먼저 찾아오신다는 것입니다.
믿음은 인간의 수련이나 공로가 아니라 하나님이 우리에게
먼저 다가오셔서 문을 두드리시는 사건입니다.

> 볼지어다 내가 문밖에 서서 두드리노니 누구든지 내 음성을 듣고 문을
> 열면 내가 그에게로 들어가 그와 더불어 먹고 그는 나와 더불어 먹으
> 리라 (계 3:20)

우리는 단지 그분의 음성을 듣고, 마음의 문을 열 뿐입
니다.

믿음은 어떤 형식이나 절차가 아니라 예수님과 함께하
는 삶입니다. 예수님이 내 삶에 들어오시면 변화가 일어납
니다. 거짓이 불편해지고, 움켜쥐던 손이 펴지기 시작합니
다. 이건 인위적인 수련이 아니라 예수님과의 관계에서 자
연스럽게 일어나는 변화입니다.

우리는 신앙을 자꾸 어떤 틀이나 형식, 또는 마일리지

시스템처럼 만들려고 합니다. 그러나 감사하게도 복음은 '노 마일리지'입니다. 우리 행위로는 구원받을 수 없고, 오직 은혜로만 구원받는다는 뜻입니다. 이것을 복잡하게 만드는 것이 죄입니다.

사랑하는 사람을 위해서 손해 본 만큼이 사랑의 증거입니다. 사랑은 손해를 감수할 수 있는 능력입니다. 예수님을 사랑한다고 말하면서도, 주님을 위해 손해 본 게 없다면 그것은 진짜 사랑이 아닐 수 있습니다.

믿음은 '손해 보는 결정'을 하는 사랑을 통해 성장합니다. 그러므로 믿음을 키우려면, 손해 보는 결정을 의도적으로 또 의식적으로 반복해야 합니다. 이것이 믿음 훈련입니다.

10

누구의 믿음이 더 큰가

예수께서 거기서 나가사 두로와 시돈 지방으로 들어가시니 가나안 여자 하나가 그 지경에서 나와서 소리 질러 이르되 주 다윗의 자손이여 나를 불쌍히 여기소서 내 딸이 흉악하게 귀신 들렸나이다 하되 예수는 한 말씀도 대답하지 아니하시니 제자들이 와서 청하여 말하되 그 여자가 우리 뒤에서 소리를 지르오니 그를 보내소서 예수께서 대답하여 이르시되 나는 이스라엘 집의 잃어버린 양 외에는 다른 데로 보내심을 받지 아니하였노라 하시니 여자가 와서 예수께 절하며 이르되 주여 저를 도우소서 대답하여 이르시되 자녀의 떡을 취하여 개들에게 던짐이 마땅하지 아니하니라 여자가 이르되 주여 옳소이다마는 개들도 제 주인의 상에서 떨어지는 부스러기를 먹나이다 하니 이에 예수께서 대답하여 이르시되 여자여 네 믿음이 크도다 네 소원대로 되리라 하시니 그때로부터 그의 딸이 나으니라 | 마 15:21-28 |

예수님은 사역하시던 갈릴리 지방에서 더 북쪽으로 올라가시다가 한 여인을 만나셨습니다. 마가복음은 이 여인을 '수로보니게 족속'으로 소개하고 있습니다. 그녀는 간절한 마음으로 예수님께 나아와 간청합니다.

> 주 다윗의 자손이여 나를 불쌍히 여기소서 내 딸이 흉악하게 귀신 들렸나이다 (마 15:22)

사실, "다윗의 자손"이라는 호칭은 아무에게나 함부로 쓰지 않던 것이었습니다. 유대인들조차도 이 호칭을 매우 신중하게 사용했습니다. 왜냐하면 "다윗의 자손"이란 단순한 칭호가 아니라 구약에서 예언된 메시아를 가리키는 분명한 고백이기 때문입니다. 실제로 사복음서에서 이 호칭을 처음 사용한 인물은 여리고의 맹인 바디매오입니다. 그는 예수님을 향해 "다윗의 자손 예수여 나를 불쌍히 여기소서"(눅 18:38)라고 외친 바 있습니다. 이처럼 "다윗의 자손"이라는 호칭은 예수님을 메시아로 인정하는 믿음의 고백입니다.

하지만 예수님은 아무런 대답도 하지 않으셨습니다. 그러자 제자들이 나서서 "그 여자가 우리 뒤에서 소리를 지르오니 그를 보내소서"(마 15:23) 하고 말합니다. 그제야 예수님이 여인에게 친히 말씀하십니다.

> 나는 이스라엘 집의 잃어버린 양 외에는 다른 데로 보내심을 받지 아니하였노라 (마 15:24)

너무나 차갑고 냉정하게 들립니다. 평소의 예수님 같지 않은 반응처럼 느껴질 수도 있습니다. 그러나 이 말씀이 의미하는 바는 분명합니다. 예수님의 메시아 사역은 처음부터 '이스라엘'을 향하고 있었다는 것입니다. 어떻게 보면 편협한 이야기 같습니다. 온 인류를 구원하러 오신 메시아께서 왜 이스라엘의 양들에게 먼저 보냄을 받았다고 말씀하십니까? 이것을 이해하기 위해서는 메시아가 이스라엘 땅에 와야 하는 이유를 알 필요가 있습니다.

예수님이 이 여인의 요청을 단번에 들어주시지 않은 이유는 그녀를 무시하시는 것이 아니라 그녀의 믿음을 시험하시고, 더 온전하게 드러내시기 위함이었습니다.

큰 믿음은 무엇인가

창세기 12장에서 하나님은 아브라함을 찾아오셨습니다. 아브라함은 지금의 이라크 지역인 갈대아 우르에서 살았습니다. 그곳에서 하나님은 아브라함을 부르셨고, 아브라함이 이에 응답함으로써 믿음의 여정이 시작되었습니다.

그는 우르에서 하란을 거쳐 가나안 땅으로 들어옵니다. 거기서 이삭을 낳고, 또 이삭은 야곱을 낳고, 야곱은 열두 아들을 낳았습니다. 이후 야곱의 가족이 기근을 피하여 애굽으로 내려가게 되었는데, 처음에는 약 70명쯤 되는 가족이었지만, 시간이 지나면서 200만 명에 이르는 큰 민족으로 자라게 되었습니다. 하나님은 그들을 애굽에서 불러내어 출애굽의 역사를 이루십니다. 하나님은 아브라함에게 약속하신 대로, 그 자손을 큰 민족으로 세우셨고, 그 민족을 통해 하나님의 구원 계획을 이루어 가십니다. 그러나 가나안 땅에 들어온 이스라엘 백성들은 하나님의 뜻대로 살지 못했습니다.

하나님이 "내 백성"이라 부르신 이스라엘이 그 뜻대로 살지 못할 때, 하나님의 이름은 어떤 평가를 받겠습니까? '하나님의 자녀'라 불리는 이들이 자녀답게 살지 못한다면, 누가 하나님을 제대로 알 수 있겠습니까?

그래서 예수님이 이 땅에 오신 첫 번째 사명은 바로 이스라엘을 회복하는 것이었습니다(마15:24). 하나님과 상관없이 살면서도 '하나님의 백성'이라고 스스로 주장하는 이스라엘을 먼저 참된 자녀로 회복시키시겠다는 것입니다. 그런데, 놀라운 일이 벌어집니다. 메시아의 사명을 꿰뚫어 본 이방 여인이 나타난 것입니다. 바로 수로보니게 여인입니다.

여인이 계속 간청하자 예수님이 이렇게 말씀하십니다.

자녀의 떡을 취하여 개들에게 던짐이 마땅하지 아니하니라 (마 15:26)

이 말씀을 읽으며 당혹감을 느끼는 이들이 많습니다. 어떻게 예수님이 이방 여인을 "개"로 취급하실 수 있는가 하고 말입니다. 물론 당시에는 유대인들이 이방인을 '개'로 낮춰 부르는 문화가 있었다고는 합니다. 그러나 예수님은 이 여인의 믿음을 시험하고, 드러내기 위해 일부러 이런 표현을 쓰셨습니다. 예수님을 "다윗의 자손"으로 부르는 이 여인이 주님을 정말로 누구로 믿고 있는지를 확인하고자 하셨습니다.

여인이 대답합니다.

주여 옳소이다마는 개들도 제 주인의 상에서 떨어지는 부스러기를 먹나이다 (마 15:27)

놀라운 대답입니다. 이것은 단순히 겸손한 태도가 아니라 "당신이 진짜 메시아라면, 이스라엘뿐 아니라 이방인도 그 은혜를 받을 자격이 있다"라고 하는 신학적으로 깊은 통찰이 담긴 놀라운 선언입니다. 당시 어떤 유대인도 보여 주지 못한 믿음입니다. 그래서 예수님이 "여자여 네 믿음이 크도다"(마 15:28)라고 말씀하십니다.

성경에서 예수님께 믿음이 크다는 칭찬을 들은 사람은 몇 안 됩니다. 누구보다 이방 여인이 이런 칭찬을 들었으니 매우 특별한 일입니다. 믿음이 크다는 것은 단순히 양이 많다는 의미가 아닙니다. 헬라어 원문으로 보면, 이것은 '탁월하다, 강력하다, 눈에 띄다, 구별되다'라는 의미가 담긴 말입니다.

이 여인의 믿음이 당대의 어떤 믿음보다도, 하나님을 믿는다고 자부하는 모든 이스라엘 백성의 믿음보다도, 심지어 가족을 버리고 예수님을 따르겠다고 나섰던 제자들의 믿음보다도 눈에 띈다는 뜻입니다.

작은 믿음은 무엇인가

그렇다면 예수님이 상대적으로 '작은 믿음'이라고 하신 건 어떤 믿음입니까?

예수님이 믿음이 작다고 말씀하신 첫 번째 구절은 이것입니다.

> 오늘 있다가 내일 아궁이에 던져지는 들풀도 하나님이 이렇게 입히시거든 하물며 너희일까 보냐 믿음이 작은 자들아 (마 6:30)

이 말씀은 산상수훈의 한 부분입니다. 이때 예수님은 "무엇을 먹을까, 무엇을 마실까, 무엇을 입을까 염려하지 말라"고 말씀하셨습니다. 왜냐하면 그런 것들은 이방인들이 구하는 것이기 때문입니다. 또 하나님 아버지는 우리에게 이러한 것들이 꼭 필요함을 이미 아신다고 말씀하셨습니다. 즉 예수님은 의식주 문제로 염려하며 하나님께 매달리는 것을 가리켜 믿음이 작다고 하셨습니다. 믿음이 없는 건 아니지만, 좀 보잘것없는 믿음이라는 것입니다.

두 번째 구절은 이렇습니다.

> 예수께서 이르시되 어찌하여 무서워하느냐 믿음이 작은 자들아 하시고 곧 일어나사 바람과 바다를 꾸짖으시니 아주 잔잔하게 되거늘 (마 8:26)

제자들이 갈릴리 바다를 지나가다 풍랑을 만나 두려움에 떨며 예수님을 깨우자 주님이 "왜 무서워하느냐 믿음이 작은 자들아"라고 하셨습니다. 하지만 풍랑이 무서운 건 당연하지 않습니까? 그런데도 예수님은 그들의 믿음이 작다고 말씀하십니다. 어떤 상황에서 작다는 말입니까? 두려워하지 않아도 되는데 두려워하는 것, 무서워할 게 없는데 무서워하는 것을 두고 주님은 믿음이 작기 때문이라고 말씀하셨습니다.

세 번째 구절은 물 위를 걷던 베드로의 작은 믿음을 지적하셨을 때입니다.

> 예수께서 즉시 손을 내밀어 그를 붙잡으시며 이르시되 믿음이 작은 자여 왜 의심하였느냐 (마 14:31)

베드로는 물 위를 걷고 있던 예수님을 보고, 자기도 걷게 해 달라고 요청했습니다. 예수님이 오라고 하시자 그는 실제로 몇 걸음을 걷습니다. 그러나 풍랑을 보고 두려워하며 의심하는 순간 물에 빠져 버립니다. 그때 예수님이 하신 말씀이 "믿음이 작은 자여 왜 의심하였느냐"입니다.

작은 믿음의 핵심은 바로 '의심'입니다. 베드로가 걷다가 빠졌다고 책망하신 것이 아닙니다. 그가 의심했으므로 믿음이 작다고 말씀하십니다.

우리 믿음이 자라지 않는 이유도, 우리 관계가 깊어지지 않는 이유도 마찬가지입니다. 자꾸 의심하기 때문입니다.

부부 관계도 마찬가지 아닙니까? 의심이 많아지면 관계는 깨지기 마련입니다. 신앙생활도 그렇습니다. 믿음이 어렵게 느껴지는 이유는 믿기 어려워서가 아니라 의심을 쉽게 받아들이기 때문입니다.

하나만 더 살펴보겠습니다. 예수님은 오병이어의 기적을 보았는데도 "우리가 떡을 가져오지 아니하였도다"(마 16:7) 하며 걱정하는 제자들을 보시고, "믿음이 작은 자들아 어찌 떡이 없으므로 서로 논의하느냐"(마 16:8) 하고 꾸짖으셨습니다.

여기서 주목해야 할 점은, 예수님이 작은 믿음이라며 꾸짖으신 대상이 대부분 제자들이라는 사실입니다. 그들은 예수님을 따르려고 모든 것을 버린, 스스로 믿음이 있다고 생각하던 사람들입니다. 믿음은 '결단'으로 시작하지만, 그 결단이 언제나 온전한 믿음으로 이어지는 것은 아님을 알 수 있습니다.

믿음이 작은 자들과 달리 수로보니게 여인은 주님 앞에서 어떤 자격이나 자존심도 내세우지 않았습니다. 그저 예수님이라면, 메시아라면 내 딸을 고치실 수 있다는 믿음 하나로 나아간 것입니다. 그 믿음을 보신 예수님이 "여자여 네 믿음이 크도다"(마 15:28)라고 말씀하셨습니다.

큰 믿음이란 무엇입니까? 하나님이 미래에 이루실 일을 지금도 이루실 수 있다고 믿고, 지금 구하고 행동하는 믿음입니다. 단순히 언젠가는 이루어지리라 막연히 믿는 것이

아니라 지금 이루어질 수 있다고 확신하며 나아가는 믿음이
야말로 큰 믿음입니다.

주님이 인정하시는 바른 믿음

　예수님이 큰 믿음이라고 칭찬하신 이방인이 또 있습니다. 바로 하인의 병 고침을 위해 예수님을 청했던 백부장입니다.

> 예수께서 함께 가실새 이에 그 집이 멀지 아니하여 백부장이 벗들을 보내어 이르되 주여 수고하시지 마옵소서 내 집에 들어오심을 나는 감당하지 못하겠나이다 그러므로 내가 주께 나아가기도 감당하지 못할 줄을 알았나이다 말씀만 하사 내 하인을 낫게 하소서 나도 남의 수하에 든 사람이요 내 아래에도 병사가 있으니 이더러 가라 하면 가고 저더러 오라 하면 오고 내 종더러 이것을 하라 하면 하나이다 예수께서 들으시고 그를 놀랍게 여겨 돌이키사 따르는 무리에게 이르시되 내가 너희에게 이르노니 이스라엘 중에서도 이만한 믿음은 만나보지 못하였노라 하시더라 (눅 7:6-9)

가버나움에 사는 로마 제국의 백부장으로 보이는데, 예수님은 그의 말을 들으시고 크게 놀라 "이스라엘 중에서도 이만한 믿음은 만나보지 못하였노라"라고 하셨습니다. 놀라운 고백입니다. 이스라엘 백성들에게서 보지 못한 믿음을 로마 백부장에게서 보셨다는 말씀입니다.

백부장은 유대인도 제자도 아니었습니다. 그가 직접 예수님을 찾아온 것도 아닙니다. 유대 장로들을 통해 그의 종을 구해 주시기를 청했을 뿐입니다. 그런데도 예수님은 그의 믿음을 칭찬하십니다. 왜일까요?

백부장의 '큰 믿음'에서 세 가지 특징을 찾아볼 수 있습니다. 첫째, 신분이 낮은 종을 사랑하는 믿음입니다. 죽을병에 걸린 사람은 가족도 아니고 단지 '하인'일 뿐이었습니다. 그런데 그를 살리기 위해 예수님께 간절히 청했습니다.

둘째, 예수님을 배려하는 믿음입니다. 유대인 랍비가 이방인의 집에 들어가는 것은 율법상 문제가 될 수 있었습니다. 백부장은 예수님이 곤란해지실 것을 염려하며 "말씀만 하사 내 하인을 낫게 하소서"라고 청했습니다.

셋째, 말씀의 능력을 신뢰하는 믿음입니다. 백부장은 "나도 남의 수하에 든 사람이요 내 아래에도 병사가 있으니 이더러 가라 하면 가고 저더러 오라 하면 오고 내 종더러 이것을 하라 하면 하나이다"라고 말하며 예수님이 직접 오시지 않아도 말씀만 하시면 나을 것이라고 믿었습니다. 예수님은 이런 그의 믿음을 보시고, 이만한 믿음이 없다고 칭찬하셨습니다.

믿음은 교회 출석으로 판단되지 않습니다. 우리는 오늘도 예수님을 믿는다고 고백합니다. 주일에 교회에 오고, 헌금도 하고, 성경도 읽습니다. 하지만 예수님은 우리에게 "너는 왜 먹고사는 걱정에 갇혀 있느냐? 왜 세상 흐름은 못 보고, 너와 네 가족만 신경 쓰느냐? 왜 믿음이 자라지 않느냐?" 하고 물으실 수 있습니다.

주님께 칭찬받는 믿음을 가지고 싶지 않습니까? 예수님이 보시기에 큰 믿음을 갖고 싶지 않습니까? 사람들이 칭찬하는 '좋은 신앙인'이 아니라 주님이 인정하시는 '바른 신앙인'이 되어야 하지 않겠습니까?

믿음과 자존심은 반비례합니다. 진짜 믿음은 자존심을 내려놓는 것입니다. 아니 잊어버리는 것입니다. 제가 예전에 존경하던 목사님이 어느 집회에서 간증자가 눈물을 흘리자 얼른 화장지를 챙겨서 살금살금 다가가 손에 쥐여 주던 일이 있었습니다. 그 자리에 부목사가 몇 명 있었는데도 다른 사람을 시키지 않고 직접 다가가신 겁니다. 작은 행동이지만, 큰 믿음은 이런 마음에서 나옵니다.

주님 앞에서 자존심이 무슨 소용입니까? 주님께 "이만한 믿음을 본 적이 없다"라는 칭찬을 받는 믿음이 저와 여러분의 삶 가운데 있기를 축복합니다.

Q&A

Q 믿는 사람들이 같은 상황에서 서로 반대로 기도하면,
하나님은 누구의 기도에 응답하실까요? 믿음이 더 큰
사람의 기도에 응답하실까요?

믿는 사람들이 서로 반대편에서 기도할 때가 있습니다.
예를 들어, 전쟁 상황에서 양측 모두 하나님께 승리를 위해
기도할 수 있습니다. 또 월드컵 경기에서 양쪽 대표팀 선수
들이 각각 하나님께 우승컵을 달라고 기도할 수 있습니다.
하나님이 어느 쪽 기도에 응답하실지는 알 수 없습니다.

다만 하나님은 경쟁이나 대결의 승패에 초점을 두시는
분이 아니라는 사실은 분명합니다. 그보다는 긍휼히 여김을
받는 마음에 응답하시는 분입니다. 즉 하나님은 남을 이기
려는 기도보다는 남을 위해 기꺼이 희생하려는 기도에 기쁘
게 응답하신다는 뜻입니다.

예를 들어, 한쪽에서는 "무슬림을 다 죽여 주옵소서"라
고 기도하고, 또 다른 쪽에서는 "이 땅의 기독교인을 다 없
애 주소서"라고 기도한다면, 하나님은 어느 쪽에도 응답하
시지 않으리라고 믿습니다. 하나님은 요나에게 "이 큰 성읍
니느웨에는 좌우를 분변하지 못하는 자가 십이만 여 명이

요 가축도 많이 있나니 내가 어찌 아끼지 아니하겠느냐"(욘 4:11)라고 말씀하셨습니다.

결국 중요한 것은 하나님의 뜻을 분별하는 마음입니다. 아무리 열정적으로 기도해도 하나님의 뜻을 모르면 그 열정은 오히려 위험할 수 있습니다. 그러므로 하나님의 뜻을 알고, 분별하려는 노력이 먼저라야 합니다.

Q 나를 무시하고 조롱하는 친구에게도 복음을 전해야 할까요?

우리는 인간인지라 외모를 평가받거나 비난의 말을 들으면 상처를 받을 수 있습니다. 그러나 복음을 전할 책임은 여전히 우리에게 있습니다. 사람들은 대부분 복음의 가치를 알지 못하고, 영생에는 관심이 없습니다. 요즘은 미디어를 통한 광고 마케팅이 대단한 시대입니다. 그렇기에 복음을 말로만 전하기보다 삶으로 보여 주는 것이 훨씬 더 강력합니다. 진짜로 기뻐하고, 진짜로 사랑하고, 진짜로 믿는 모습을 보이면, 복음이 얼마나 잘 전달되겠습니까?

진짜가 없는 게 문제입니다. 기쁘지 않으면서 기쁜 척, 믿지 않으면서 믿는 척하면 그것은 위선입니다. 신앙의 가장 큰 적은 불신이 아니라 위선입니다. 위선으로 전하는 복음은 힘이 없습니다.

우리는 착한 행동을 통해서 그 사람을 내 의지대로 끌어오겠다는 악한 의도를 가지고 상대방을 대하는 경우가 많습니다. 예수 믿는 자에게는 새 생명, 새 기준, 새 가치가 있습니다. 그것이 거듭나는 것입니다. 이 세상에 착한 사람은 없습니다(막 10:18). 내가 다른 사람에게 착하게 보이기 위해 위선을 택해서는 안 됩니다. 친구가 내 외모를 평가하면서 기분 나쁘게 하는데 계속 괜찮은 척할 수는 없잖겠습니까?

"내가 너를 무시하고 조롱하면 넌 기분이 어떻겠니? 나도 그런 이야기는 듣고 싶지 않아. 하지만 내 안에 계신 예수님은 그런 이야기를 들어도 참고 계셔." 이런 식으로 이야기해야 하지 않을까 싶습니다.

우리는 먼저 성령의 임재를 간구해야 합니다. 성령은 위로와 사랑의 영이십니다. 성령이 우리 안에 충만해야 내가 먼저 살아나고, 살아난 내가 다른 사람에게 복음을 전할 수 있습니다. 우선 내가 진실로 거듭나야 합니다. 내가 참으로 기뻐야합니다. 내가 진짜로 예수님 안에 있으면, 복음은 자연스럽게 주변으로 흘러가게 되어 있습니다.

11

시작도 끝도 믿음으로

그 후에 예수께서 모든 일이 이미 이루어진 줄 아시고 성경을
응하게 하려 하사 이르시되 내가 목마르다 하시니 거기 신 포
도주가 가득히 담긴 그릇이 있는지라 사람들이 신 포도주를
적신 해면을 우슬초에 매어 예수의 입에 대니 예수께서 신 포
도주를 받으신 후에 이르시되 다 이루었다 하시고 머리를 숙
이니 영혼이 떠나가시니라 | 요 19:28-30 |

가장 많이 위조되는 지폐는 미국 달러, 그중에서도 100 달러 지폐라고 합니다. 위조지폐가 많은 이유는 그 지폐가 가치 있기 때문입니다. 1달러나 10달러짜리 위조지폐는 거의 찾아볼 수 없는데, 가성비가 떨어지기 때문이지요.

기독교 역시 그렇습니다. 유독 이단이나 사이비 시비가 많은 종교 아닙니까? 왜 그럴까요? 그 안에 진리가 있기 때문입니다. 무엇보다도 귀하고 값지기에 가짜가 많이 생겨날 수밖에 없습니다.

만약 "100달러 위조지폐가 많으니 나는 100달러를 쓰지 않겠다"라고 한다면, 손해 보는 건 자신입니다. 마찬가지로 가짜 크리스천이 많아서 기독교가 싫다고 한다면, 진짜를 볼 기회를 스스로 차단하는 것입니다. 가짜를 피하느라 멀리하는 것보다는 진짜를 찾으려고 노력하는 편이 훨씬 가치 있지 않겠습니까?

사람을 판단하다가 교회를 비난하며 떠나고, 심지어 발길조차 끊는 이들을 보면 참 안타깝습니다. 세상에 완전한 사람은 없습니다. 사실, 우리는 모두 '가짜' 같은 존재들입니다. 흙으로 빚어진 한낱 피조물이요 언젠가는 죽을 수밖에 없는 유한한 존재입니다. 때로는 나 자신에게 실망하고, 오랜 세월 함께한 배우자와 자식도 실망스러울 때가 있습니다. 어떻게 사람에게 소망을 둘 수 있겠습니까.

사람은 사랑해야 할 대상이지, 믿음의 대상이 아닙니다. 믿지 말아야 할 사람을 믿었다가 속고 사기당하고 상처받고 무너지는 사람이 얼마나 많습니까! 믿음의 여정을 걸으며 점점 더 선명히 깨닫는 것은 우리에게는 단 한 분, 믿을 만한 분이 계시다는 사실입니다. 우리는 사람이 아닌 그분께 초점을 맞추고 시선을 고정해야 합니다. 그분이 누구십니까?

바로 십자가의 죽음과 부활로 우리를 구원하신 예수 그리스도입니다. 우리는 그분을 '주님'이라 부릅니다. 주님은 믿음의 여정에서 우리가 따라야 할 본이시므로 여정 내내 우리는 예수 그리스도의 시작을 기억하고, 그분의 끝을 바라보며 걸어가야 할 것입니다.

예수님을 인격적으로 만나는 데서 믿음은 시작한다

예수 그리스도는 하나님의 아들이요 근본 하나님과 본체이신 분으로 성령으로 잉태되어 이 땅에 육신을 입고 오시어 인간의 눈높이로 스스로 낮아지셨습니다. 예수님이 이 땅에 오신 것은 구약 성경에 예언된 메시아로서 말씀을 온전히 성취하시기 위함입니다.

　성경에 예수님의 성장 과정은 단 몇 줄밖에 없고, 모든 기록은 십자가를 지시기까지의 공생애 3년에 집중되어 있습니다. 예수님은 세례 요한에게서 세례를 받는 것으로 공생애 사역을 시작하십니다. 세례 요한조차 놀라며 "내가 당신에게서 세례를 받아야 할 터인데 당신이 내게로 오시나이까"라며 만류했지만, 예수님은 "이제 허락하라 우리가 이와 같이 하여 모든 의를 이루는 것이 합당하니라"라고 말씀하셨습니다(마 3:14-15).

　예수님이 세례를 받고 물에서 올라오실 때 하늘이 열리고 하나님의 성령이 비둘기처럼 임하셨습니다. 그리고 하늘로부터 "이는 내 사랑하는 아들이요 내 기뻐하는 자라"라는 음성이 들려왔습니다(마 3:16-17). 이것은 예수님이 하나님의 사랑을 받는 아들이라는 선포입니다.

　믿음의 여정은 바로 이 고백에서 시작됩니다. 신앙의 시작은 내가 무언가를 행하거나 사명을 받기 이전에, "너는 하나님의 사랑받는 자다"라는 하나님의 음성을 듣고, 그 음성을 믿는 데서 출발해야 합니다. 예수님이 죄인인 우리를 찾아오셨을 때, 우리가 해야 할 일은 그분을 받아들이고 그분의 말씀에 순종하는 것입니다. 이것이 하나님의 의를 이루는 길입니다. 믿음은 단순히 교회에 다니거나 성경 공부를 시작하는 데서 비롯되는 것이 아닙니다. 나를 찾아오신 예수님을 인격적으로 만나는 것에서 시작됩니다.

하나님은 광야로 데려가신다

예수님과 함께하는 믿음의 여정이 시작되면, 하나님은 우리를 광야로 데려가십니다.

> 그때에 예수께서 성령에게 이끌리어 마귀에게 시험을 받으러 광야로 가사 사십 일을 밤낮으로 금식하신 후에 주리신지라 (마 4:1-2)

하나님은 예수님의 공생애 시작에 앞서 주님을 광야로 이끄셨습니다. 이렇듯 우리가 하나님 나라를 향한 여정을 시작하기 전에 '자기중심적인 삶'에 종지부를 찍게 하십니다. 하나님의 자녀로 부름 받은 사람은 누구나 이 광야를 통과해야 합니다.

광야는 자기 자신과 한정된 자원에 의존하던 삶의 패턴을 끊어 내는 곳입니다. 하나님의 사랑을 받는 자가 되었다는 것은, 자기 자신을 믿고 의지하던 삶을 내려놓고, 보이지 않는 하나님만을 전적으로 신뢰하며 살아가는 새로운 삶의 여정으로 나아감을 의미합니다. 하나님은 이것을 위해 '광야'라는 최적의 장소로 우리를 부르십니다.

광야는 사방을 둘러보아도 아무것도 없는 곳입니다. 의지할 만한 사람도, 자원도 더 이상 없습니다. 이때 우리는 비로소 보이지 않는 하나님을 의지하는 삶의 길로 접어들게 됩니다. 광야에서 사탄은 예수님께 했듯이 그럴듯한 말로 우리를 유혹하며 시험합니다.

"당신이 굶고도 살 수 있을 것 같아? 돌들로 떡덩이를 만들어서라도 먹어야지. 어떻게 사람이 먹지 않고 살 수 있어?"

그러나 이때 예수님은 신명기 8장 3절 말씀으로 응수하셨습니다. 우리도 똑같이 대답해 줘야 합니다.

사람이 떡으로만 살 것이 아니요 하나님의 입으로부터 나오는 모든 말씀으로 살 것이라 (마 4:4)

사탄이 또 유혹합니다.

"어디 한번 뛰어내려 봐. 당신이 하나님의 자녀라면 천사가 받아 주겠지. 그러면 사람들이 당신을 인정해 줄 거야!"

세상의 주목을 한몸에 받아 일약 스타가 된다고 상상해 보십시오. 가슴이 뛰지 않겠습니까? 그러나 예수님은 이렇게 대답하셨습니다.

주 너의 하나님을 시험하지 말라 (눅 4:12)

마지막으로 사탄이 유혹합니다.

"나한테 절만 하면, 내가 이 세상의 모든 재물과 영광을 당신에게 주겠다."

이번에도 예수님은 단호히 거절하십니다.

사탄아 물러가라 기록되었으되 주 너의 하나님께 경배하고 다만 그를 사탄의 세 가지 시험은 모두 믿음의 길을 가로막는 장애물입니다. 이 시험을 통과하지 않으면, 믿음의 여정이 시작되지 않습니다.

그런데 안타깝게도 오늘날 교회 안에는 이러한 시험을 통과하지 않은 채 살아가는 이상한 믿음들이 많습니다. 그들의 믿음을 보고 따라가면 큰일 납니다. 그게 이단 교주일 수도 있고, 교회에서 높은 직분을 가졌으나 양의 탈을 쓴 늑대일 수도 있습니다. 위험이 곳곳에 도사리고 있음을 알고, 이 여정에서 무엇을 따르고 누구를 따를지를 분별하여 조심해야 합니다.

사탄은 에덴동산에서 하와를 유혹했듯이 우리도 "보암직도 하고 지혜롭게 할 만큼 탐스럽기도 한"(창 3:6) 것들로 유혹하고, "육신의 정욕과 안목의 정욕과 이생의 자랑"(요일 2:16)을 좇게끔 시험합니다. 이 같은 유혹과 시험에 넘어지는 사람은 결코 하나님을 따를 수 없습니다. 왜냐하면 그러한 욕망은 하나님이 아니라 세상으로부터 온 것이기 때문입니다.

믿음이란 보이지 않는 것들의 가치를 인정하고 그 가치에 연결되며, 그것을 우선적으로 살아내는 삶의 결단이자 방식입니다. 사도 바울이 "믿음은 바라는 것들의 실상이요 보이지 않는 것들의 증거"(히 11:1)라고 하지 않았습니까?

예수님은 40일을 금식하다 죽는 한이 있어도 말씀을 따라 살겠노라고 선포하셨습니다. 우리도 세상의 인정을 받지 못하더라도 믿음으로 살기를 선택해야 합니다. 온 세상의 부귀영화를 다 준다고 해도, 하나님이 주신 것이 아니라면 절대로 받지 않겠다고 결단해야 합니다. 그렇게 결단하고 걷는 것이 곧 믿음의 여정입니다. 믿음의 삶이란 그런 것입니다.

믿음의 큰 걸림돌은 바로 나

믿음의 걸음을 시작하면, 기적이 나타납니다. 요한복음에는 예수님이 행하신 일곱 가지 표적(기적)이 기록되어 있습니다. 가나 혼인 잔치에서 물로 포도주를 만드심(요 2:1-11), 말씀으로 왕의 신하의 아들을 고치심(요 4:46-54), 베데스다 못가의 38년 된 병자를 걷게 하심(요 5:1-15), 보리떡 다섯개와 물고기 두 마리로 오천 명을 먹이심(요 6:5-13), 물 위를 걸으심(요 6:16-21), 날 때부터 맹인 된 자의 눈을 뜨게 하심(요 9:1-12), 죽은 나사로를 살리심(요 11:1-44) 등입니다.

예수님은 죽은 나사로를 무덤에서 불러내시기 전에 이렇게 기도하셨습니다.

> 아버지여 내 말을 들으신 것을 감사하나이다 항상 내 말을 들으시는 줄을 내가 알았나이다 그러나 이 말씀 하옵는 것은 둘러선 무리를 위함이니 곧 아버지께서 나를 보내신 것을 그들로 믿게 하려 함이니이다 (요 11:41-42)

죽은 자는 다시 살아날 수 없다는 것이 세상 법칙이지만, 하나님은 생명을 창조하시고 거듭나게 하시며 죽음에서 생명으로 옮기시는 분임을 나타내기 위해 이 사건을 일으키셨습니다. 그러므로 이것은 단순한 표적이 아니라 '믿음 사건'입니다.

주목할 점은 예수님이 표적을 행하시기 전에 먼저 감사 기도부터 드리셨다는 것입니다. 우리는 일이 이루어진 후에야 감사하지만, 예수님은 아직 일어나지 않은 일을 이미 이루어진 것으로 믿고 감사하셨습니다. 이것이 믿음의 기도입니다.

우리는 날마다 "주시옵소서, 주시옵소서" 하며 기도하지만, 예수님의 기도는 다릅니다. "주옵소서"가 아닌 이미 받은 줄로 믿고 기도하셨습니다. 이러한 기도는 "여호와는 나의 목자시니 내게 부족함이 없으리로다"(시 23:1)라고 고백하는 이의 기도입니다.

결핍과 불안과 불만족에 시달리고 요동치는 자아는 믿음의 가장 큰 적입니다. 믿음의 걸림돌은 바깥에 있지 않습니다. 선지자 사무엘의 어머니 한나는 처음엔 자신을 괴롭히는 브닌나가 원수인 줄 알았습니다(삼상 1:6-7). 하지만 결국 하나님을 온전히 신뢰하지 못하는 자신이 문제임을 깨달았습니다. 사도 바울도 자기가 죽지 않으면 참된 믿음은 시작되지 않는다는 사실을 깨달았습니다. 믿음을 제한하는 것은 환경이나 사람이나 조건이 아니라 바로 '나 자신'임을 알게 된 것입니다.

제자 빌립이 "주여 아버지를 우리에게 보여 주옵소서 그리하면 족하겠나이다"(요 14:8) 하고 청하자 예수님이 "내가 이렇게 오래 너희와 함께 있으되 네가 나를 알지 못하느냐 나를 본 자는 아버지를 보았거늘 어찌하여 아버지를 보이라

하느냐"(요 14:9) 하고 반문하셨습니다. 또 "내가 내 아버지께 들은 것을 다 너희에게 알게 하였음이라"(요 15:15)라고도 말씀하셨습니다.

우리는 하나님 아버지를 보여 달라고 하지 않아도 됩니다. 예수님 안에 아버지 하나님이 계시기 때문입니다. 문제는 우리가 이미 주어진 것을 보지 못하고, 이미 받은 은혜를 믿지 못하는 데 있습니다. 우리 안에 있는 타락한 자아, 불신의 자아, 불평하는 자아가 믿음의 여정을 가로막는 걸림돌들입니다. 걸림돌들을 제거하십시오. 그때 비로소 참된 기적의 삶, 하나님의 영광을 보는 삶이 시작됩니다.

시작도 과정도 끝도 믿음으로

예수님이 베드로, 야고보, 요한 세 제자만 데리고 변화산에 오르셨습니다(마 17:1). 그동안 남아 있던 아홉 명의 제자들은 산 아래에서 무엇을 하고 있었습니까? 예수님이 산에서 내려오시니 큰 무리가 제자들을 둘러싸고 변론하고 있었습니다. 한 사람이 귀신 들린 아들을 데려와 제자들에게 고쳐 달라고 했지만, 귀신을 쫓아내지 못하고 있던 터였습니다. 이에 예수님은 그들을 책망하시고 친히 그 아이를 고쳐 주셨습니다.

제자들이 왜 자신들은 귀신을 내쫓지 못했는지 묻자 예수님이 말씀하십니다.

> 너희 믿음이 작은 까닭이니라 진실로 너희에게 이르노니 만일 너희에게 믿음이 겨자씨 한 알 만큼만 있어도 이 산을 명하여 여기서 저기로 옮겨지라 하면 옮겨질 것이요 또 너희가 못할 것이 없으리라 (마 17:20)

진짜로 믿으면 못할 일이 없습니다. 이스라엘 사람 중에는 믿음으로 칭찬받은 이가 없지만, 이방인인 수로보니게 여인과 가버나움의 백부장은 예수님께 "이스라엘 중 아무에게서도 이만한 믿음을 보지 못하였노라"(마 8:10)라는 칭찬을 받았습니다. 우리는 그들의 믿음을 눈여겨보아야 합니다.

예수님은 나사로를 살리신 놀라운 표적을 통해 믿음으로써 "사망에서 생명으로" 옮겨진다는 진리를 가르쳐 주셨습니다(참조. 요 5:24). 예수님의 삶은 처음부터 끝까지 믿음의 여정이었습니다. 믿음으로 사역하셨고, 믿음으로 십자가를 지셨으며, 마지막 십자가 위에서도 믿음으로 선포하셨습니다. 하나님은 그 믿음에 부활로 응답하셨습니다. 그리고 부활하신 주님이 우리에게 약속하십니다. 우리는 그 약속을 오직 믿음으로만 붙들 수 있습니다.

종교 개혁자 마르틴 루터(Martin Luther)는 '솔라 피데'(Sola Fide), 곧 '오직 믿음으로' 구원받는다고 선포했습니다. 그렇기에 우리는 사람의 믿음을 흉내 내려 해서는 안 됩니다. 열심히 기도하는 사람을 따라가야 할 것 같고, 성경 일독을 하는 사람을 따라가야 할 것 같고, 구제를 많이 하는 사람을 따라가야만 할 것 같아서 이리저리 바람에 흔들리는 갈대처럼 우왕좌왕하고 있지는 않습니까? 사람은 본받을 대상이 아니라 불쌍히 여겨야 할 대상입니다. 오직 예수님만 바라보고, 예수님만 따라가십시오.

예수님을 따르기로 했다면, 흔들리지 말고 믿음의 길을 끝까지 걸어가십시오. 그 길은 날마다 그리스도와 함께 십자가에 못 박히는 길입니다. 예수님은 날마다 자기를 부인하고 나를 따르라고 하셨습니다. 죽기 위해 나를 따르라고 부르셨습니다. 이 길은 가면 갈수록 점점 더 좁아질 것입니다. 좁은 길보다 더 좁은 아주 좁은 길입니다.

시편 기자는 이렇게 고백합니다.

주의 궁정에서의 한 날이 다른 곳에서의 천 날보다 나은즉 악인의 장막에 사는 것보다 내 하나님의 성전 문지기로 있는 것이 좋사오니 (시 84:10)

이 고백은 성전의 기쁨과 하나님의 임재를 진정으로 맛본 사람만이 할 수 있습니다. 이들은 세상이 감당하지 못할 믿음의 사람들이 됩니다. 믿음의 길을 걷다 보면, 환난이 기다리고 있을 수 있습니다. 때로는 엄청난 재앙이 닥치기도 할 것입니다. 그러나 어떤 일이 있어도 하나님이 세상을 통치하고 계심을 믿으십시오. 그러면 구원받은 백성으로서 세상이 줄 수 없는 평강을 누리며 살아갈 수 있습니다.

예수님이 "나는 부활이요 생명이니 나를 믿는 자는 죽어도 살겠고 무릇 살아서 나를 믿는 자는 영원히 죽지 아니하리니 이것을 네가 믿느냐"(요 11:25-26)라고 물으십니다. 그러므로 철학자 스피노자(Spinoza)의 "내일 지구의 종말이 오더라도 오늘 한 그루의 사과나무를 심겠다"라는 말처럼 지금 내게 주어진 사명을 묵묵히 감당하며 하루 하루를 살아갑시다. 그것이 우리 앞에 놓인 믿음의 삶입니다.

돈이 지배하는 세상 속에서도 십자가의 믿음으로 살아가기를 바랍니다. 온갖 욕망이 범람하는 세상 속에서도 영혼을 향한 소망으로 살기를 바랍니다. 우리는 이미 사망에서 생명으로 옮겨졌고, 영생을 선물로 받은 사람들입니다.

주님을 영접한 우리가 갈 길은 분명합니다. 주인을 따르는 종처럼 예수님을 따르는 것입니다. 그러므로 같은 종들끼리 시기하거나 질투하거나 경쟁할 필요가 없습니다. "몸은 죽여도 영혼은 능히 죽이지 못하는 자들을 두려워하지 말고"(마 10:28), 오직 하나님 한 분만을 두려워하십시오. 우리 모두가 시작도 끝도 과정도 모두 믿음으로 완주하도록 서로를 축복하십시오.

Q&A

Q 예수님의 공생애는 물로 포도주를 만든 첫 번째 기적을
시작으로 하여 십자가에서 신 포도주를 입에 대시는 것
을 마지막으로 마쳤습니다. 이것은 우연일까요?

예수님이 물로 포도주를 만드신 첫 번째 표적(요 2:3-11)
과 십자가에서 "내가 목마르다" 하시니 사람들이 신 포도주
를 해면에 적셔 드려 입에 대신 일(요 19:29)은 단순한 우연이
아닙니다. 두 사건은 예수님의 공생애 사역의 시작과 끝을
상징적으로 연결하며 하나님 나라 잔치의 회복을 선포하는
강한 상징입니다.

예수님이 십자가 위에서 "다 이루었다"(요 19:30)라고 하
신 말씀은 헬라어로 '테텔레스타이'(τετέλεσται)인데, '완전히
지불되다, 임무를 완수하다, 제물이 온전히 받아들여지다'
라는 뜻입니다. 이는 단순한 종결이 아니라 하나님과의 언
약이 완성되었음을 선포하는 말입니다.

창세기 15장에서 하나님이 아브라함과 언약을 맺으실
때, 당시 관습대로 짐승을 둘로 쪼개고, 언약의 당사자가 그
사이를 함께 지나야 했습니다. 그런데 아브라함은 깊이 잠
들고 하나님만 홀로 타는 횃불 모양으로 그 사이를 지나가

십니다(창 15:17). 이는 인간이 언약을 어겨도 하나님이 그 책임을 친히 지시겠다는 선언입니다. 이 언약은 십자가에서 예수님의 피 흘리심을 통해 실제로 성취됩니다. "다 이루었다"라는 선언은 바로 그 언약의 완성과 하나님의 구속 계획의 완전한 집행을 의미합니다.

창세기에서 하나님은 인간을 창조하시고 나서 "보시기에 심히 좋았더라"(창 1:31)라고 하셨습니다. 인간은 하나님의 기쁨의 대상이며, 에덴동산은 기쁨과 축제의 공간이었습니다. 그러나 아담의 불순종으로 그 기쁨은 상실되었고, 예수님이 그 기쁨을 회복하기 위해 이 땅에 오셨습니다.

그런 의미에서 예수님의 첫 번째 기적이 혼인 잔치에서 물로 포도주를 만드는 사건이었던 것은 매우 의미심장합니다. 당시 유대에서 포도주는 기쁨과 풍성함을 상징했습니다. 전통적으로 유대에서는 결혼 피로연이 7일간 계속되었습니다. 그런데 잔치 중에 포도주가 떨어졌고, 예수님의 어머니 마리아의 요청으로 예수님이 물을 포도주로 만드는 기적을 베푸셨습니다.

이로써 혼인 잔치, 곧 하나님 나라의 기쁨이 회복되었습니다. 이것은 예수님의 메시아로서의 정체성과 하나님 나라의 도래를 가리키는 상징적인 사건입니다.

신앙은 기적을 좇는 것이 아니라 기적을 통해 드러난 하나님의 마음을 읽는 것입니다. 기적은 본질이 아닙니다. 우리가 기뻐해야 할 것은 포도주가 아니라 포도주를 주시는 분입니다. 기쁨의 본질은 하나님의 임재와 사랑입니다.

Q 초등학생 아들이 5년째 야뇨증으로 고생하고 있습니다. 아들이 밤마다 하나님께 기도하는데도 낫지 않아요. 저는 솔직히 낙심되는데, 아들은 희망을 잃지 않고 기도하고 있습니다. 아들에게 어떤 믿음의 말을 해 주면 좋을까요?

요즘은 말이나 신체 발달이 느린 아이들이 많습니다. 야뇨증은 성장 과정에서 아이들이 흔히 겪는 문제인데, 시간이 지나면서 점차 회복되는 경우가 많습니다. 예전에는 밤에 이불에 실례한 아이들을 발가벗겨서 키를 둘러쓰게 하고 이웃에게 소금을 얻어오게 했지요. 아이가 수치심을 느끼면 다시는 실수하지 않으리라는 기대로 그런 무자비한 방법을 썼을 테지만, 이는 전혀 도움이 되지 않습니다.

중요한 것은 부모의 태도입니다. 아이가 실수했을 때, 혼내기보다는 수치심을 느끼지 않도록 감싸 주는 것이 중요합니다. 아이가 굉장히 창피해할 수 있으니 비밀을 꼭 지켜 주십시오. 아이가 '우리 집은 안전해. 밤에 실례하긴 했지만, 그래도 난 여전히 사랑받는 존재야'라고 느낀다면 빨리 고쳐지리라 믿습니다.

걱정하지 말고 자녀와 함께 기도하십시오. 중풍병자 이야기를 기억하세요. 병자 스스로는 예수님께 나아올 수 없었지만, 예수님은 그를 데려온 친구들의 믿음을 보시고 병자를 고쳐 주셨습니다(막 2:5). 아이가 아직 어려서 믿음이 뭔지 알지 못하더라도 부모가 대신 믿음으로 기도할 수 있습니다.

하나님은 반드시 응답해 주십니다. 그 응답이 병의 치유일 수 있고, 아이의 마음에 건강한 자존감과 하나님을 향한 믿음의 뿌리가 심기는 것일 수도 있습니다. 기도는 반드시 응답됩니다. 다만 하나님의 선하신 뜻대로 이루어질 뿐입니다.

진정한 믿음의 영웅들

믿음은 바라는 것들의 실상이요 보이지 않는 것들의 증거니 선진들이 이로써 증거를 얻었느니라 믿음으로 모든 세계가 하나님의 말씀으로 지어진 줄을 우리가 아나니 보이는 것은 나타난 것으로 말미암아 된 것이 아니니라 믿음으로 아벨은 가인보다 더 나은 제사를 하나님께 드림으로 의로운 자라 하시는 증거를 얻었으니 하나님이 그 예물에 대하여 증언하심이라 그가 죽었으나 그 믿음으로써 지금도 말하느니라 믿음으로 에녹은 죽음을 보지 않고 옮겨졌으니 하나님이 그를 옮기심으로 다시 보이지 아니하였느니라 그는 옮겨지기 전에 하나님을 기쁘시게 하는 자라 하는 증거를 받았느니라 믿음이 없이는 하나님을 기쁘시게 하지 못하나니 하나님께 나아가는 자는 반드시 그가 계신 것과 또한 그가 자기를 찾는 자들에게 상 주시는 이심을 믿어야 할지니라 | 히 11:1-6 |

저는 믿음의 영웅이나 믿음의 천재는 없다고 생각해 온 사람입니다. 믿음이 진실하거나 진실하지 않거나, 혹은 믿음이 크거나 작을 뿐이지 영웅이란 말은 부적절하다고 생각했습니다. 그러나 '믿음 장'으로 불리는 히브리서 11장은 믿음의 본이 되는 사람들, 믿음의 영웅들 이야기를 기록해 놓고 있습니다. 이들은 어떤 믿음의 소유자였기에 성경은 그들을 영웅과도 같은 믿음이라고 말할까요?

믿음의 영웅들은 세상이 생각하는 특별한 사람들이 아닙니다. 바른 믿음, 옳은 믿음을 살아낸 사람들입니다. 우리가 이름을 알지 못하는 영웅들도 있고, 반면에 모두 다 아는 이름인데 주님은 도무지 모른다고 하시는 이름도 있을 수 있습니다.

성경은 믿음의 사람들을 이정표처럼 곳곳에 세워 두고 안내하고 있습니다. 마치 "이 사람들을 따라가면 믿음의 경주를 잘 마칠 수 있다"라고 안내하는 것만 같습니다. 창세기에서 요한계시록까지 다 읽다 보면, 하나님이 어떤 믿음의 사람들을 사용하셨는지, 또 어떤 사람들의 믿음을 통해서 구원의 역사를 이루어 오셨는지를 알 수 있습니다.

보이지 않는 걸 믿는 데서 믿음은 출발한다

먼저 믿음의 정의가 무엇입니까?

믿음은 바라는 것들의 실상이요 보이지 않는 것들의 증거니 선진들이
이로써 증거를 얻었느니라 (히 11:1-2)

믿음은 보이지 않는 걸 믿는 데서 출발합니다. 제 호주
머니에 10캐럿짜리 다이아몬드가 하나 있다고 한다면, 믿
겠습니까? 제 말이 믿음을 주려면, 평소 "저 사람은 거짓말
을 못 해. 저 사람 말은 신뢰할 만해"라는 말쯤은 들었어야
할 것입니다. 비록 눈에 보이지 않더라도 우리의 행동이 신
뢰를 주면, 사람들은 우리의 말을 사실로 믿을 것입니다.

믿음은 우리가 바랄 때 실제로 나타나는 것들입니다. 그
런데 어떻게 보이지 않는 것이 눈앞에 나타나는 현실이 될
수 있을까요? 하나님의 말씀을 믿어야만 믿음의 선물을 받
을 수 있습니다. 성경을 얼마만큼 믿느냐에 따라 하나님이
진정 원하시는 믿음의 사람으로 빚어질 수도 있고, 자기 생
각에 갇혀 버릴 수도 있습니다.

예컨대, 예수님은 십자가를 지시기 전에 적어도 세 번
이상 부활할 것을 말씀하셨지만, 제자들은 반신반의하며 믿
지 않았습니다. 그래서 빈 무덤을 봤을 때 예수님의 시체를
누가 가져갔다고 생각했지, 부활하셨다고는 생각하지 못했

습니다. 그러나 예수님은 부활하셨고, 두려움에 떨고 있던 제자들에게 자신을 나타내셨습니다.

아쉽게도 그 자리에 도마는 없었습니다. 도마는 주님을 보았다는 다른 제자들의 말을 믿을 수가 없었습니다. 그는 "내가 그의 손의 못 자국을 보며 내 손가락을 그 못 자국에 넣으며 내 손을 그 옆구리에 넣어 보지 않고는 믿지 아니하겠노라"(요 20:25)라고 말할 정도로 불신했습니다. 나중에 예수님이 "네 손가락을 이리 내밀어 내 손을 보고 네 손을 내밀어 내 옆구리에 넣어 보라"라고 하시자, 그제야 도마가 "나의 주님이시요 나의 하나님이시니이다"라고 고백합니다(요 20:27-28). 이때 주님이 뭐라고 말씀하십니까?

> 예수께서 이르시되 너는 나를 본 고로 믿느냐 보지 못하고 믿는 자들은 복되도다 하시니라 (요 20:29)

믿음은 보고 믿는 게 아니라는 말씀입니다. 보았다는 건 사실을 확인한 것일 뿐입니다. 믿음의 핵심은 눈에 보이지 않지만 믿는 것입니다.

눈에 보이지 않는 것을 믿으려면, 그 사실을 전하는 자의 성품이나 인격이 믿을 만해야 합니다. 남을 속이는 사람들이 복음을 전하면 전해지겠습니까? 자기 잇속만 차리는 사람이 십자가를 이야기하면 믿기겠습니까? 오늘날 복음이 전해지지 않는 것이 무엇 때문이겠습니까? 내 삶이 하나님의 속성을 드러내지 않고, 내 삶이 예수님의 말씀을 증언하지 않는데, 어떻게 예수를 믿겠습니까?

그러면 누가 믿을 만한, 믿음으로 사는 사람입니까? 히
브리서 11장은 아벨 이야기부터 시작합니다. 아벨은 형 가
인에게서 죽임을 당했습니다. 그러나 무슨 잘못을 저질러서
가 아닙니다.

> 믿음으로 아벨은 가인보다 더 나은 제사를 하나님께 드림으로 의로운
> 자라 하시는 증거를 얻었으니 하나님이 그 예물에 대하여 증언하심이
> 라 그가 죽었으나 그 믿음으로써 지금도 말하느니라 (히 11:4)

아벨은 지금도 믿음으로 그의 존재 전체를 말하고 있습
니다. 아벨은 가인보다 더 나은 제사를 드렸습니다. 믿음은
대상의 문제입니다. 믿음의 가치는 나한테 있는 것이 아니
라 믿음의 대상인 하나님께 있습니다. 믿음의 대상인 하나
님께 내 삶을 표현하는 방식이 제사, 곧 예배입니다. 예배란
하나님을 하나님으로 인정하고 경배하는 것입니다.

하나님은 당신을 전적으로 믿고 의지하는 자의 예배는
받으시지만, 교회에 와서 딴생각하다가 축도나 받고 사람들
과 교제하는 데 마음을 두는 자의 예배는 받지 않으십니다.
이는 믿음으로 나아가는 태도가 아니기 때문입니다. 믿음은
예배 태도로 입증됩니다. 믿음을 가진 사람은 일상도 예배
자처럼 살기에 반드시 구별됩니다.

믿음으로 사는 사람과 자기 능력과 이성과 상식으로 사
는 사람은 반드시 차이가 납니다. 믿음으로 사는 사람은 항

상 하나님을 의식하며 살기에 코람데오(Coram Deo)의 삶을 산다고 할 수 있습니다. 그들은 하나님 앞에서 말하는 것같이 말하고, 하나님 앞에서 행동하는 것처럼 행동합니다. 이것이 예배자의 삶입니다. 예배자의 삶의 태도는 믿음이 없는 사람의 그것과 다르게 마련입니다. 믿음은 늘 그렇게 구별되고 드러나는 법입니다.

히브리서는 아벨 다음에 에녹을 소개합니다. 그는 믿음으로 죽음을 보지 않고 하늘로 옮겨졌습니다. 당시 평균 수명이 900세인데, 에녹은 365세에 하나님이 데려가셨습니다. 성경은 그가 하나님을 기쁘시게 하는 자라는 증거를 받았기 때문이라고 설명합니다.

> 믿음이 없이는 하나님을 기쁘시게 하지 못하나니 하나님께 나아가는 자는 반드시 그가 계신 것과 또한 그가 자기를 찾는 자들에게 상 주시는 이심을 믿어야 할지니라 (히 11:6)

여기서 믿음의 두 가지 요소를 볼 수 있습니다. 하나님이 계신 것을 믿는 것과 하나님이 자기를 찾는 이에게 상 주시는 이심을 믿는 것입니다. 육신의 눈에 하나님이 보이지 않지만, 이 자리에 나와 함께 계심을 믿는 것이 믿음입니다. 그리고 하나님을 찾는 자에게 상 주시는 것을 믿는 것이 믿음입니다.

여기서 상은 돈이나 물질이 아닙니다. 하나님을 찾는 자에게 반드시 관계로 응답하신다는 뜻입니다. 하나님을 알아

가는 것, 하나님과의 교제가 점점 깊어지기 시작하는 것을
의미합니다.

바른 믿음을 살아낸 믿음의 영웅들

하나님과 동행하는 삶의 기쁨을 누리는 것보다 더 큰
상이 어디 있겠습니까? 내가 "아버지" 하고 부르면 아버지
가 나를 눈여겨보시는 것만큼 큰 보상이 없습니다. 이런 감
동이 없으면, 신앙은 곧 메말라 버릴 것입니다. 그래서 자기
자신에게 집중하는 사람은 믿음을 갖기가 어렵습니다. 자
기 삶에 몰입하는 사람은 하나님을 만나기가 쉽지 않습니
다. 나에게 소망이 있다고 생각하는 사람은 끝까지 자기를
추구하지 하나님을 추구하지 않습니다. 그래서 키르케고르
(Kierkegaard)는 "인간은 자기 자신에게 절망해야 진정으로 믿
음이 시작된다"라고 말했습니다.

능력이 많은 사람은 자기 능력을 개발하느라고 분주해

서 하나님을 추구할 시간이 없습니다. 창세기에도 보면 인간의 문명과 문화를 일군 족속은 아벨 대신 주신 셋의 후예가 아니라 가인의 후예였습니다. 그러므로 머리 좋고, 재능 많은 것을 너무 부러워하지 마십시오. 그 재능을 자기를 위해서 끊임없이 쓰다가 망한 사람이 너무나 많습니다. 소위 엘리트층에 자기 자신밖에 모르는 사람이 얼마나 많은지 모릅니다. 공부만 잘하면 모든 것이 용납되다 보니 자기 자신만 중요하고 남을 배려할 줄 모릅니다.

결국, 그들이 세상을 지옥으로 만듭니다. 보이지 않는 하나님을 좇는 삶을 어리석게 여기고, 가성비 낮게 여기므로 오늘날 점점 빠른 속도로 인간은 병들어 가고 환경이 파괴되어 가는 것입니다. 인간 삶의 조건들이 점점 악화되고 있습니다.

히브리서는 에녹 다음으로 노아를 소개합니다.

> 믿음으로 노아는 아직 보이지 않는 일에 경고하심을 받아 경외함으로 방주를 준비하여 그 집을 구원하였으니 이로 말미암아 세상을 정죄하고 믿음을 따르는 의의 상속자가 되었느니라 (히 11:7)

하나님은 세상을 물로 심판하기 위해 노아에게 방주를 지으라고 명하셨습니다. 학자들에 따르면, 90년 이상 배를 지었다고 합니다. 노아는 믿음으로 방주를 지었습니다. 비가 올 때 지은 게 아닙니다. 노아는 허송세월한다는 사람들의 조롱과 멸시를 받으면서도 묵묵히 믿음의 삶을 살았습니다. 노아의 믿음은 언제 입증되었습니까? 홍수가 나고, 배가 뜨면서입니다.

믿음으로 사는 사람은 노아처럼 조롱과 손가락질을 받으며 삽니다. 황금 같은 일요일에 등산이나 운동으로 건강을 챙기지 왜 예배드리러 가느냐고 비웃음거리가 되기 일쑤입니다. 신앙생활을 '가성비 제로의 삶'으로 생각하는 세상에서 사람들은 가치를 재단하고, 판단을 일삼습니다. 그러나 신앙인은 그들의 계산 방식에서 벗어나 눈에 보이지 않는 것이 보이는 것보다 더 가치 있다고 믿으며 살아갑니다. 이것이 바로 초월적 삶의 방식입니다.

다음은 아브라함입니다.

> 믿음으로 아브라함은 부르심을 받았을 때에 순종하여 장래의 유업으로 받을 땅에 나아갈새 갈 바를 알지 못하고 나아갔으며 (히 11:8)

아브라함은 목적지를 알고 떠난 게 아니라 떠나라는 말씀을 듣고 순종했습니다. 아브라함이 왜 믿음의 조상이 되었습니까? 고대에는 여행이 자유롭지 않았습니다. 익숙한 것들, 곧 "고향과 친척과 아버지의 집"(창 12:1)을 떠나기란 굉장히 어려운 일이었습니다. 아브라함은 모든 익숙한 것들, 즉 기득권으로부터 떠나라는 명령에 믿음으로 순종했습니다. 그리고 어디로 가는지도 모른 채 끝까지 따라갔습니다. 그래서 우리는 그를 믿음의 조상이라 부릅니다.

훗날 아브라함은 아들 이삭을 드리는 믿음의 테스트를

받았습니다.

> 아브라함은 시험을 받을 때에 믿음으로 이삭을 드렸으니 그는 약속들을 받은 자로되 그 외아들을 드렸느니라 그에게 이미 말씀하시기를 네 자손이라 칭할 자는 이삭으로 말미암으리라 하셨으니 그가 하나님이 능히 이삭을 죽은 자 가운데서 다시 살리실 줄로 생각한지라 비유컨대 그를 죽은 자 가운데서 도로 받은 것이니라
>
> (히 11:17-19)

아브라함이 믿음으로 외아들을 드렸더니 하나님은 아들 대신에 숫양 한 마리를 번제물로 준비하셔서 그 아들을 살려 주셨습니다. 이 사건을 두고 히브리서 기자는 아브라함이 부활 신앙을 믿었다고 말합니다. 그러므로 믿음은 죽음을 이기는 신앙입니다. 죽음을 넘어서 부활이 있음을 믿는 신앙입니다. 왜 위대한 믿음입니까? 아들을 죽은 자 가운데서 다시 살리실 것을 믿는 믿음이기 때문입니다.

예수님은 자기 자신을 "부활이요 생명"이라고 선언하시고, "무릇 살아서 나를 믿는 자는 영원히 죽지" 아니할 것이라고 말씀하셨습니다. 그러면서 "이것을 네가 믿느냐"라고 물으셨습니다(요 11:25-26). 보이지 않는 세계를 믿고, 보이지 않는 하나님을 믿는 사람들은 보이는 대상이 사라져도 보이지 않는 채로 받아들이고 믿습니다. 이것이 믿음의 클라이맥스입니다.

죽음을 두려워하는 사람이 얼마나 많습니까? 죽음 때문에 잠 못 이루며 불안해하는 사람이 얼마나 많습니까? 그런

데도 로마 제국 치하에서 수많은 그리스도인이 기꺼이 순교했습니다. 그들은 죽음 앞에서도 의연한 모습을 보였습니다. 심지어 어린아이들, 태중에 아기를 가진 임신부들마저도 그러했습니다. 이들은 왜, 무엇 때문에 죽음을 불사하고 믿음을 지켰습니까? 바로 주님의 부활을 알기 때문입니다.

피 흘리기까지 죄와 싸우자

믿음으로 살면, 모든 일이 다 잘되고 형통합니까? 아닙니다. 믿음의 사람들이 어떤 고난을 겪었는지를 보십시오.

그들은 믿음으로 나라들을 이기기도 하며 의를 행하기도 하며 약속을 받기도 하며 사자들의 입을 막기도 하며 불의 세력을 멸하기도 하며 칼날을 피하기도 하며 연약한 가운데서 강하게 되기도 하며 전쟁에 용감하게 되어 이방 사람들의 진을 물리치기도 하며 여자들은 자기의 죽은 자들을 부활로 받아들이기도 하며 또 어떤 이들은 더 좋은 부활을 얻고자 하여 심한 고문을 받되 구차히 풀려나기를 원하지 아니하였으며 또 어떤 이들은 조롱과 채찍질뿐 아니라 결박과 옥에 갇히는 시련도 받았으며 돌로 치는 것과 톱으로 켜는 것과 시험과 칼로 죽임을 당하고 양과 염소의 가죽을 입고 유리하여 궁핍과 환난과 학대를 받았으니 (이런 사람은 세상이 감당하지 못하느니라) 그들이 광야와 산과 동굴과 토굴에 유리하였느니라 (히 11:33-38)

그들은 가인의 후예로 살지 않고, 셈의 후예, 아브라함의 후예, 믿음의 후예로 살다가 이런 고난을 겪었습니다. 그들은 이 땅의 보이는 것에 미련을 두지 않았습니다. 보이지 않는 것들의 증거를 이미 손에 쥐었기 때문입니다. 이후의 삶에 대한 증거를 확증했기에 그렇게 살 수 있었습니다. 그들은 이 땅을 유토피아로 만드는 게 목적이 아니었습니다. 여기가 좋사오니 여기서 일생을 마치겠노라고 하지 않았습니다.

《주님은 나의 최고봉》의 저자 오스왈드 챔버스(Oswald Chambers)는 "믿음의 삶은 날개를 타고 올라가는 것이 아니라 종일 걸어가도 피곤하지 않은 생활이다. 믿음은 결코 어디로 가는지 알지 못하지만, 그 길을 인도하시는 이를 사랑하고 아는 것이다"라고 말했습니다.

믿는다고 해서 훨훨 날아가는 삶을 사는 게 아닙니다. 믿음의 삶은 메마른 땅을 종일 걸어가도, 물 한 방울 없는 광야를 걸어갈지라도 피곤치 않고 낙심하지 않는 삶을 살아가는 것입니다. 나의 갈 길을 알지 못하지만, 길을 인도하시는 이를 내 목숨보다도 사랑하고, 그분을 알아가는 것이야말로 믿음의 여행입니다. 하나님이 우리를 어디로 데려가실지 알지 못하지만, 그분을 믿기에, 그분의 선하심을 알기에 믿고 따라갈 뿐입니다. 믿음이 나를 어디로 데려가든지 기꺼이 따라가십시오.

우리가 이 땅에 무슨 재물을 쌓겠습니까? 무슨 명예를 쌓겠습니까? 우리는 이 땅을 떠나야 한다는 것을 아는 사람들입니다. 죽을 때 가져갈 수 있는 게 없는데, 왜 여기에 무언가를 쌓으려고 그토록 애쓰겠습니까?

영국 출신의 성경 주석가 메튜 헨리(Matthew Henry) 목사는 "그리스도를 따르는 자들은 주님이 그러셨던 것처럼 이 세상에서 더 나은 대접을 받으리라고 기대하지 말아야 한다"라고 말했고, 예수님은 "인자가 온 것은 섬김을 받으려 함이 아니라 도리어 섬기려 하고 자기 목숨을 많은 사람의 대속물로 주려 함이니라"(마 20:28)라고 말씀하셨습니다. 그런데 우리는 대접받고 싶은 마음이 뼛속까지 차 있어서, 덜 알아주고 덜 대접해 주면 섭섭병에 걸리고 맙니다.

그러나 믿음의 삶을 사는 사람은 이런 것들에 연연하지 않습니다. 주님은 어떤 분입니까?

이러므로 우리에게 구름같이 둘러싼 허다한 증인들이 있으니 모든 무거운 것과 얽매이기 쉬운 죄를 벗어 버리고 인내로써 우리 앞에 당한 경주를 하며 믿음의 주요 또 온전하게 하시는 이인 예수를 바라보자 그는 그 앞에 있는 기쁨을 위하여 십자가를 참으사 부끄러움을 개의치 아니하시더니 하나님 보좌 우편에 앉으셨느니라 너희가 피곤하여 낙심하지 않기 위하여 죄인들이 이같이 자기에게 거역한 일을 참으신 이를 생각하라 (히 12:1-3)

대접받고 싶어지거나 스스로 높아지고 싶거나 사람들한테 인정받고 싶어지거든 예수님이 십자가를 참으사 부끄러움을 개의치 않으셨다는 사실을 기억하십시오. 믿음은 십자가를 기억하는 삶입니다. 십자가에서 구원이 이루어졌음을 믿는 삶입니다. 벌거벗겨진 채로 우리 죄를 대신 짊어지고 십자가에서 죽으신 예수님을 믿는 삶입니다.

십자가를 믿는 믿음 안에서 우리가 할 일은 무엇입니까?

> 너희가 죄와 싸우되 아직 피 흘리기까지는 대항하지 아니하고 또 아들들에게 권하는 것같이 너희에게 권면하신 말씀도 잊었도다 일렀으되 내 아들아 주의 징계하심을 경히 여기지 말며 그에게 꾸지람을 받을 때에 낙심하지 말라 (히 12:4-5)

예수님을 믿는다면, 죄와 싸우되 피 흘리기까지 싸워야 합니다. 그렇게 싸우지 않는 것이 문제입니다. 그분의 사랑을 아직도 믿지 못해서, 그분의 사랑을 아직 깨닫지 못해서, 그분의 사랑을 날마다 누리지 못해서 죄와 싸우지 못합니다. 그래서 죄를 짓고 돌아오고, 또 죄를 짓고 돌아오는 일이 계속됩니다. 사탄은 우는 사자처럼 우리에게 달려듭니다. 예수님이 우리를 얼마나 사랑하시는지를 알면, 그래서 그 사랑이 우리 안에 넘친다면, 피 흘리기까지 죄와 맞서 싸울 수 있습니다.

우리는 어떤 믿음으로 살아야 합니까? 예수님을 주로 고백하는 믿음의 삶은 어떤 모습입니까? 그리스도인은 인간의 격을 높이는 자들입니다. 삶의 수준을 그리스도에게까지 높이는 자들입니다. 그리하여 죽음에 허덕이는 인간을 죽음 너머로 이끌어 가고자 마음과 목숨과 뜻과 힘을 다합니다. 그리고 믿음으로 보이지 않는 것을 끝까지 붙들면, 결국 붙들었던 것을 보게 되는 현실을 경험할 것입니다.

세상은 성경이 아닌 그리스도인을 읽습니다. 그들은 성령이 누구이신지 모릅니다. 하나님의 뜻대로 살 때, 대체 당신이 믿는 하나님이 어떤 분이냐고 물을 것입니다. 우리는 세상을 향한 하나님의 메시지입니다.

그러니 예수를 잘 믿읍시다! 예수를 잘 믿는 것보다 행복한 게 없고, 예수를 잘 믿는 것보다 성공하는 게 없고, 예수를 잘 믿는 것보다 더한 출세의 길도 없습니다. 우리를 세상에서 불러내신 분이 예수님이므로 예수님을 만나야 비로소 출세가 이루어집니다. 모두 출세하기를 바랍니다. 성공하기를 바랍니다. 행복하기를 바랍니다. 참 기쁨을 누릴 수 있기를 바랍니다. 마약이나 술에 속지 말아야 하듯이 가짜 기쁨에 속지 마십시오.

날마다 나는 죽고 "오직 내 안에 그리스도께서 사시는 것"(갈 2:20)을 확인하는 인생을 살기를 바랍니다. 날마다 성경 말씀을 읽는 것으로 그치지 말고, 그 말씀을 먹으십시오. 그러면 내 안에 사랑이 물밀듯 차오르게 될 것입니다. 그 사랑으로 누군가를 예수 그리스도께로 인도하는 우리가 되기를 축복합니다.

Q&A

Q 신앙생활을 하다 보면 나만 섬기고, 나만 손해 보는
   듯해서 외로움을 느낄 때가 있습니다. 하나님은 공동
   체가 하나 되어 선을 행하길 원하실 텐데, 왜 저만 홀
   로 분투하는 느낌이 들까요?

섬길 때 경계해야 할 부분이 있습니다. 바로 보상 심리
입니다. 자녀를 사랑으로 양육할 때를 떠올려 보십시오. 시
간과 돈, 사랑과 정성을 아낌없이 쏟지 않습니까? 그러나 자
녀는 부모에게서 받은 대로 돌려주지 않습니다. 그러면 부
모가 손해 보는 것일까요? 부모는 자녀가 사랑을 받아 주는
것만으로도 기쁨을 느끼고, 손익은 계산할 생각조차 하지
않을 것입니다.
  사실, 진짜 믿음으로 섬기는 사람들은 자기가 섬기고 있
다는 생각을 하지 않습니다. 그들에게는 섬김이 곧 기쁨이
고, 그것으로 충분한 것입니다. 그러므로 내가 이만큼 섬겼
다는 생각이 들기 시작하면, 한 번 멈춰 서야 합니다. 그건
기쁨으로 하는 섬김이 아니라 자기 의로 하는 것일 수 있기
때문입니다.
  예를 들어, 어떤 사람의 필요를 보고 내가 가진 것을 나

누면 좋겠다는 마음이 들었다면, 그냥 실천하면 됩니다. 그렇게 나누면 기쁨은 배가 됩니다. 그런데 십일조를 해야 하나, 십이조를 해야 하나 계산하며 끙끙 앓기 시작하면, 그건 이미 하나님이 기뻐하시는 태도가 아닙니다.

사실, 섬긴다는 개념 자체가 어쩌면 교만의 또 다른 얼굴일 수 있습니다. 요즘 교회마다 '섬김 훈련'을 많이 강조하는데, 섬김 훈련이라기보다 사람을 착하게 만드는 훈련 같기도 합니다. 문제는, 그렇게 조금 섬기고 나면 자기가 착한 사람인 줄로 착각한다는 데 있습니다. 이것은 매우 조심해야 할 함정입니다. 섬기고 있다는 자긍심의 덫에 걸려서 오히려 섬기지 않는 사람보다 더 교활해질 수 있기 때문입니다.

누구나 속을 깊이 들여다보면, 사실 섬김을 통해 남들한테 잘 보이고 싶고, 인정받고 싶은 마음이 숨어 있을 수 있습니다. 예수님은 "하나님 한 분 외에는 선한 이가 없느니라"(막 10:18)라고 말씀하셨습니다. 이 말은 결국 세상에는 진짜로 착한 사람이 없다는 뜻입니다.

그러므로 착해지려고 애쓰지 말고, 남들에게도 그런 걸 기대하지 마십시오. 뭔가를 열심히 하려고 애쓰기보다는 예수님을 바라보십시오. 그리고 바라보는 중에 자연스럽게 채워지는 마음을 따라 사는 것이 진짜 신앙생활이 아닐까 싶습니다.

Q 이웃 사랑은 하나님 사랑에 버금가는 계명인데, 저는 인간관계가 협소합니다. 몇몇 사람들과만 교제하는데, 그러면 하나님의 사랑을 풍족하게 느끼지 못하게 될까요?

아니, 그렇지 않습니다. 두세 사람만 깊이 교제하더라도 하나님의 사랑을 충분히 느끼고, 누릴 수 있습니다. 사람을 많이 사귄다고 해서 하나님의 사랑을 더 많이 경험하는 건 아닙니다. 오히려 많은 사람을 만나도 비즈니스 관계에 머문다면, 그게 무슨 의미가 있겠습니까?

중요한 건, 그 사람 안에도 하나님의 형상이 있다는 걸 인정하는 것입니다. 그걸 인정하면, 많은 시간을 함께 보내지 않고, 대화를 오래 나누지 않아도 우리는 그 사람을 안다고 말할 수 있습니다. 하나님의 자녀로서 마음이 통하기 때문입니다.

결국, 하나님을 아는 것이 더 중요합니다. 명함을 주고받지 않아도, 격식 있는 인사를 나누지 않아도 괜찮습니다. 저 사람 안에도 하나님이 계시고, 내 안에도 하나님이 계심을 알면, 피차 하나님의 형상으로서 서로를 대할 수 있습니다. 이것이야말로 예배자가 갖춰야 할 삶의 태도입니다.

사람을 많이 알든, 조금 알든 상관없습니다. 하나님 안에서 살아가는 사람은 누구를 만나건 주님의 형상을 대하듯 사랑하며 섬길 수 있습니다.

다만 소수의 사람들과 교제하는 데 묶여서 다른 사람들

을 배척하는 일이 생기지 않도록 스스로 경계하는 것이 필
요합니다.

◆
◆ ◆

믿음의 영웅들은 세상이 생각하는
특별한 사람들이 아닙니다.
바른 믿음, 옳은 믿음을 살아낸 사람들입니다.

WHY DO YOU BELIEVE